ROUEN

SON HISTOIRE,

ses Monuments

ET SES

ENVIRONS.

ROUEN,
CH. MÉTÉRIE, Libraire,
Rue Jeanne Darc, 44.

Prix : 1 fr. 50.

Rouen

SON HISTOIRE, SES MONUMENTS

et ses environs.

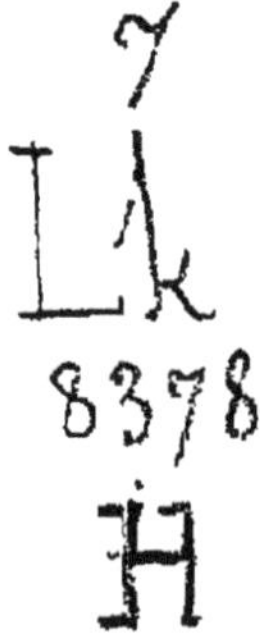

ROUEN. — IMPRIMERIE LÉON DESHAYS
Rue Saint-Nicolas, 28 et 30.

Typ. A. Quantin.

VUE GÉNÉRALE DE ROUEN.

ROUEN

Son Histoire, ses Monuments

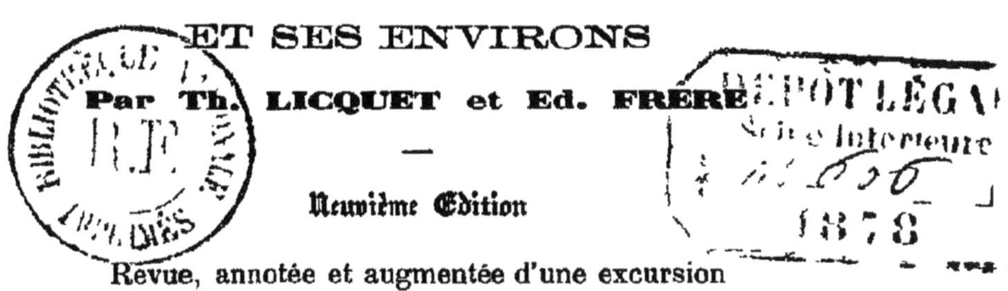

ET SES ENVIRONS

Par Th. LICQUET et Ed. FRÈRE

—

Neuvième Édition

Revue, annotée et augmentée d'une excursion

DE ROUEN AU HAVRE PAR LA SEINE

PAR S. FRÈRE

Gravures sur bois et Plan de Rouen.

ROUEN
CH. MÉTÉRIE, EDITEUR
LIBRAIRE DE LA BIBLIOTHÈQUE PUBLIQUE
11, rue Jeanne-Darc.

—

1878

AVIS AU LECTEUR.

Le *Guide de Rouen*, par Th. Licquet, revu et annoté par Ed. Frère, a trouvé auprès du public un accueil bienveillant, sur lequel nous n'avons pas besoin d'insister, puisque huit éditions successives ont été épuisées. La neuvième, que nous offrons aujourd'hui aux touristes, ne diffère des précédentes que par quelques changements de détail en rapport avec les modifications survenues aux monuments ou aux lieux que nous décrivons.

Nous avons donné à la seconde partie du livre contenant les excursions autour de Rouen un développement qui nous a paru conforme à l'intérêt du beau et pittoresque pays dont la ville est le centre.

Enfin, déterminé par une conviction analogue, nous avons cru devoir élargir sur un point les limites primitives de ce modeste volume, en y introduisant un voyage rapide sur la Seine de *Rouen au Havre.*

Nous voudrions que sous cette physionomie nouvelle, le *Guide de Rouen* soit digne tout à la fois et du succès de son passé et de la sympathie de ses nouveaux lecteurs.

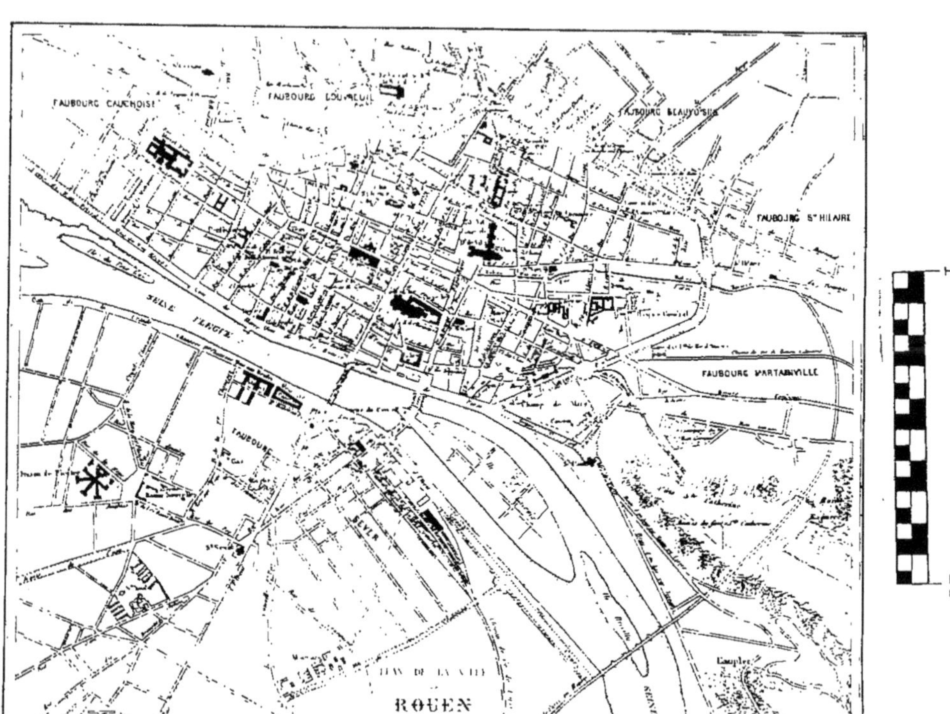
FAUBOURG CAUCHOISE
FAUBOURG BOUVREUIL
FAUBOURG BEAUVOISIN
FAUBOURG ST HILAIRE
FAUBOURG MARTAINVILLE
SEINE FLEUVE
FAUBOURG
SEVER
ROUEN

Vue générale de Rouen.

On trouve des gens qui croient devoir chercher chicane aux chemins de fer toutes les fois que l'occasion s'en présente. Nous ne sommes pas de ceux-là. Cependant, il faut bien l'avouer, des locomotives à Rome ! des gares à Venise ! il y a de quoi blesser des esprits amoureux d'harmonie et de couleur locale !

Autrefois, avant l'installation du railway, on arrivait à la capitale du monde chrétien par les routes d'en haut, et quand, au premier tournant du chemin, on apercevait tout à coup les horizons de la grande ville, le conducteur de la voiture avait une certaine manière douce et musicale de vous dire : *Ecco Roma,* qui ravissait les âmes enthousiastes de nos pères. Franchement cet *Ecco Roma* était plus convenable que le sifflet railleur de Crampton.

Toutes proportions gardées, on subissait un peu de cette impression subitement émue, un peu de cette admiration irrésistible quand on arrivait jadis à Rouen par la route de Paris. Ce musée colossal d'églises, de clochers, de flèches, de tours, de maisons anciennes, la Cathédrale, Saint-Ouen, Saint-Maclou, la Seine, le port, la forêt de Roumare au fond ; sur les côtés, les collines gaies et pimpantes se donnant la main autour des boulevards, comme de joyeuses nymphes dansant autour d'un vieux sylvain, tout frappait les yeux, tout parlait à l'esprit, et, pendant que les chevaux descendaient grand train la côte de Bonsecours, on se félicitait d'avoir fait connaissance avec la capitale de Rollon par une des faces générales de sa physionomie qui lui donnait le plus de relief.

Aujourd'hui, les dilettanti en pittoresque ne sont pas si bien servis : on entre dans Rouen par des souterrains et des tunnels aboutissant à l'antre de la rue Verte. L'esprit le plus conciliant du monde ne saurait trouver là rien qui ressemble à l'entrée grandiose de l'ancien temps.

Aussi le premier et le meilleur conseil à donner aux touristes, est de se faire une idée générale de Rouen en escaladant au plus vite les contreforts de Sainte-Catherine.

Là, suspendu pour ainsi dire sur le vide, à l'endroit même où a été dessinée notre première gravure, on peut admirablement se rendre compte de l'imposant aspect d'ensemble de la ville.

Aux amateurs de chiffres, aux géographes, nous devons rappeler premièrement que Rouen est situé par 49°26'27" de latitude nord et 1°14'16" de longitude ouest. Il en résulte que nous autres Rouennais, nous sommes toujours en retard de cinq minutes sur Paris; les apôtres de la décentralisation et les critiques de l'engourdissement en province ne manqueront pas de trouver là un argument !

La largeur de la ville, sans les faubourgs, est de 1 kilomètre 300 mètres du bas de la rue Grand-Pont au haut de la rue Beauvoisine. Sa longueur est d'environ 3 kilomètres d'une extrémité à l'autre des places Cauchoise et Saint-Hilaire.

Rouen est assise sur une pente douce ; chaque jour, en dépit des chiffres de statistique indiqués tout à l'heure, elle étale de plus en plus les plis de sa robe jusque sur les hauteurs qui la dominent.

La Seine la gêne un peu dans ses expansions juvéniles ; mais elle a jeté successivement deux ponts sur le large fleuve, et son trop plein d'hommes, d'habitations et d'activité s'est déversé sur la rive gauche, terrain d'alluvion, dont les sables arides ont disparu désormais sous les innombrables maisons du quartier Saint-Sever, le faubourg de Rouen le plus moderne et le plus manufacturier. De ce côté, les hautes cheminées noires de charbon de terre sont, dirait M. Prud'homme, les flèches de ces temples de l'industrie qui s'appellent les usines. En entendant ce bourdonnement confus et puissant comme un souffle de géant, en percevant dans cet ensemble de sourdes trépidations la respiration essoufflée des machines qui mettent en mouvement les filatures, les tissages, les imprimeries de toiles peintes, les teintureries, les tanneries, les fabriques de cardes et d'outils, les fonderies, les savonneries, les raffineries, on n'a plus à se demander, pourquoi Rouen a été surnommée *le Manchester de la France.*

Du haut de notre observatoire, nous suivons très-aisément la ligne des anciennes fortifications. Ces remparts ont complétement disparu; comme toutes les villes fortes, Rouen a eu plusieurs enceintes, a soutenu plusieurs siéges mémorables. Nous renvoyons nos lecteurs aux monographies très-curieuses qui contiennent le récit de ces événements militaires, glorieux chapitres de notre histoire locale (1).

Nous tenons seulement à indiquer, qu'étant donnée la portée des armes nouvelles, Rouen, ville forte, ne pourrait plus avoir sa raison d'être; menacée en temps de guerre par les coteaux qui la guettent à l'ouest, à l'est, au nord, elle n'est pas susceptible d'une défense personnelle. Il en a été malheureusement ainsi lorsque les Prussiens sont entrés chez nous, le 5 décembre 1870, pour en sortir après la paix. Triste occupation, triste guerre! Elle a profondément gravé ses traces dans le cœur et dans la fortune des habitants.

Chassons ces souvenirs déjà lointains, et, avant de redescendre, aidés du plan de Rouen que voici, divisons la zone de notre examen en trois parties bien distinctes.

Tirons une ligne du nord au sud en passant par toute la longueur de la rue Jeanne-Darc, nous obtiendrons ainsi deux sections d'ailleurs inégales, la première, côté ouest, la seconde, côté est, l'une ayant pour centre fictif la Cathédrale, l'autre la place de la Pucelle. Quand nous aurons fait ces deux promenades, nous verrons le quartier Saint-

(1) Valdory, *Siége de Rouen*.
De Duranville. *Rouen, ville forte*.

Sever ; après quoi nous ferons connaissance, au pas de course, avec les sites, les ruines et les pittoresques villages dont fourmillent nos environs.

Typ. A. Quantin.

CATHÉDRALE.

MONUMENTS RELIGIEUX

Cathédrale

La Cathédrale est l'ouvrage de plusieurs générations .Sans parler de l'ancienne chapelle élevée jadis sur cet emplacement par saint Mellon, sans approfondir la question de savoir dans quelle mesure elle a été successivement détruite, reconstruite ou agrandie, sans demander enfin à l'histoire de quel côté a été posée la première pierre de la splendide basilique qui s'appelle aujourd'hui *Notre-Dame de Rouen,* nous pouvons en toute sûreté considérer la vieille tour de Saint-Romain, qui termine au nord la façade du grand portail, comme la partie la plus ancienne de tout l'édifice.

Les XIe et XIIe siècles sont facilement reconnaissables à la base de cette tour : depuis, le XIIIe, le XIVe, le XVe, le XVIe, ont successivement touché aux différents éléments du monument, en imprimant partout non-seulement la trace des révolutions dans l'art architectural, mais encore le signe des variations dans les mœurs, dans les idées des hommes; c'est là, du reste, l'excuse et l'intérêt spécial de ces grandes figures de pierre dont toutes les faces ne présentent pas un style homogène (1). On dirait un livre gigantesque dont les pages auraient été successivement écrites par les générations et par les événements.

Tournons ensemble ces pages, lecteur; toutefois, avant d'ouvrir le volume, voyons sa reliure.

La variété dans l'unité, la grandeur jointe à l'infinie délicatesse, la réalisation de ce problème du beau toujours imposant : faire riche et simple à la fois; voilà ce qu'est la Cathédrale !

Que dire de ce monde de sculptures, de chapiteaux, de galeries à jour, de bas-reliefs, de pinacles, d'ornements de toute espèce. Avec quelles expressions caractériser ces merveilles ? Mais aussi quels regrets de suivre partout la trace des ravages exercés par les calvinistes en 1562, par l'ouragan de 1683, par celui plus récent du 12 mars 1876, et surtout par l'humidité du climat.

(1) Gilbert, *Histoire de La Cathédrale de Rouen.*

Le grand portail, côté du couchant, terminé en 1509, est un modèle de style ogival; il est dû à la munificence du cardinal d'Amboise Ier. Les bas-reliefs qui décorent le dessus des portes, sous les trois entrées du parvis, sont plus ou moins défigurés. L'un, à droite, est maintenant à peu près méconnaissable; l'autre, au grand portail, représente l'arbre de Jessé, c'est-à-dire la généalogie de la Vierge; le troisième, à gauche, le supplice de saint Jean-Baptiste.

La tour qui termine la façade au nord porte, ainsi que nous l'avons dit, le nom de *Saint-Romain*. Commencée au XIIe siècle, elle a été terminée en 1477, sous le cardinal d'Estouteville. La tour Saint-Romain renferme le mécanisme de l'horloge et le beffroi, composé de quatre cloches, dont la plus grosse pèse 7,500 kilogrammes. Quoique ce puissant bourdon s'entende de fort loin, il ne peut pas être comparé à la fameuse cloche d'Amboise, qui faisait autrefois la gloire du pays; celle-la pesait 36,000 livres, sa plus grande circonférence était de 50 pieds, sa hauteur y compris les anses était de 10 pieds. On dit que Jean le Manchon, le fondeur, fut si satisfait d'avoir réussi dans son entreprise, que vingt-six jours après l'avoir accomplie, il mourut de joie. Inaugurée le 2 août 1501, la cloche se fêla en 1786, au passage de Louis XVI à Rouen; en 1793, elle fut convertie en canon.

La *Tour de Beurre* termine la façade au sud; elle est ainsi nommée, parce qu'on la construisit au moyen d'aumônes offertes en échange de permissions accordées aux fidèles qui désiraient manger du beurre en carême ; elle a 77 mètres d'élévation et date de 1507.

Le *Portail des Libraires*, à l'extrémité nord du transept, ainsi nommé parce que des libraires occupaient autrefois dans la cour de nombreuses boutiques, a été achevé en 1478, et restauré dans ces dernières années. C'était l'entrée ordinaire des hauts personnages. Le bas-relief du tympan n'a jamais été complété: les deux compartiments inférieurs existent seuls; ils représentent la Résurrection générale. Que ne pouvons-nous, comme Josué, arrêter le soleil, afin d'étudier à loisir le monde de sujets bizarres et grotesques qui encadrent les portes ?

Vers le mois de septembre 1481, le chapitre fit commencer l'avant-portail qui ferme la cour des Libraires sur la rue Saint-Romain. Il est couronné d'une claire-voie fort curieuse, qui, renversée en grande partie le 3 février 1638, par un coup de vent, a été rétablie récemment dans son entier.

Entrez dans la *Cour d'Albane* (1), par la rue des *Quatre-Vents*, si vous voulez jouir de l'aspect de la Cathédrale du côté du nord. Neuf croisées de front, surmontées de pignons terminées par des ornements de toute nature, éclairent les chapelles du collatéral. A quelques fenêtres inférieures de la tour Saint-Romain, vous distinguez encore le plein-cintre du XIe siècle. De cette cour on accède à l'ancien cloître de la Cathédrale; il mérite vivement l'attention.

Le *Portail de la Calende* a été construit vers la même époque que celui des Libraires et présente à peu près la même disposition. Au-dessus de la porte, dans un arc ogive, est un grand bas-relief divisé en trois compartiments : celui d'en bas représente *Joseph vendu par ses frères* ; au milieu, les *funérailles de Jacob ;* en haut, *Jésus-Christ sur la croix.* La façade, comme celle du portail des Libraires, est accompagnée de deux tours carrées de belles proportions et percées de grandes fenêtres ogives à jour. Elle a été remarquablement restaurée en 1869, par M. Barthélemy, architecte diocésain.

Sur la tour de pierre qui s'élève au milieu du

(1) Ainsi appelée du collège du même nom, fondé par Pierre de Colmieu, archevêque de Rouen et cardinal d'Albe.

croisillon, s'élançait naguère, à la hauteur de 132 mètres, une élégante pyramide, fier témoin des talents de Robert Becquet et des libéralités du cardinal d'Amboise, deuxième du nom; terminée au mois d'août 1544, elle a été détruite par le feu du ciel, en 1822. Dès l'année suivante, M. Alavoine, architecte, donnait les plans de la flèche actuelle et faisait exhausser la lanterne qui lui sert de socle. De cette nouvelle plate-forme s'élance majestueuse la nouvelle pyramide en fer. Elle est aujourd'hui complétée par une lanterne à jour. La base de la flèche, percée de grandes baies sur ses quatre faces, doit être accompagnée de clochetons destinés à servir de points de raccords. Son élévation est de 148^{m},52, c'est-à-dire qu'elle a 20 mètres de plus que la précédente, et qu'elle dépasse en hauteur les clochers de Chartres, de Strasbourg, d'Anvers, de Vienne, de Salisbury et même la plus élevée des pyramides d'Egypte. Il est aisé de monter au sommet de cette aiguille, absolument sans rivale, par un escalier intérieur en spirale. Quand nous disons *aisé*, nous ne nous adressons pas aux touristes tourmentés par le vertige. Heureux ceux qui peuvent escalader jusqu'à ces sommets éthérés! Ils ont là un coup d'œil exceptionnel. Dans l'espace bleu où ils planent, imperceptiblement bercés par les oscillations du monument, ils revoient le paysage qu'ils avaient déjà contemplé du faîte de Sainte-Chatherine.

Maintenant que nous connaissons l'extérieur de la Cathédrale, entrons dans la nef : quelques chiffres, d'abord : longueur totale depuis le grand portail jusqu'à l'extrémité de la chapelle de la Vierge : 136 mètres (à peu près quatre cent cinquante pieds anglais); largeur totale d'un mur à l'autre : 32m,30; hauteur de la nef : 28 mètres.

L'édifice reçoit le jour par cent trente fenêtres. Il a été reblanchi, en 1778, par des ouvriers italiens.

Parmi les vitraux de la Cathédrale, plusieurs mériteraient une étude spéciale; citons ceux du XIIIe siècle, qui s'imposent le plus à l'attention. Aile gauche en montant, en face de la quatrième arcade de la nef, panneaux supérieurs : sujets relatifs à la vie de saint Jean-Baptiste, de saint Nicolas, où l'on remarque des corroyeurs, un tailleur de pierre et un sculpteur avec le costume du temps. Même aile, en montant, en face la quatrième arcade de la nef : sujets relatifs à la vie de saint Sever. Aile gauche du chœur, en face de la quatrième arcade : fenêtre entièrement occupée par la vie de saint Julien l'Hospitalier. Même aile, entre la chapelle latérale semi-circulaire et la chapelle de la Vierge : deux fenêtres représentant la vie de Joseph, fils de Jacob. De l'autre côté du chœur, entre la chapelle de la Vierge et la chapelle semi-circulaire : deux fenêtres, l'une représentant la Passion, l'autre la vie d'un saint. Chapelle semi-circulaire du croisillon méridionnal, dans l'amortissement d'une fenêtre : le martyre de saint Laurent.

La Cathédrale est encore éclairée par trois grandes roses : deux aux extrémités de la croisée et une au-dessus de l'orgue. La rose du nord est plus belle que celle du midi ; la rose de l'ouest l'emporte sur les deux autres. Au centre de cette dernière est placé le Père éternel environné d'anges portant des instruments de musique. Autour du grand arc ogive qui encadre la rose, dix figures d'anges tiennent chacune un instrument de la Passion.

L'orgue actuel de la Cathédrale, suspendu en porte à faux au-dessous de la rose occidentale, construit par MM. Merklin et Schutz, facteurs à Paris, inauguré en mars 1860, et reconnu comme un type de sonorité, remplace un grand seize pieds, fabriqué en 1760 par le célèbre Lefèvre, facteur d'orgues à Rouen.

Les stalles du chœur sont curieuses. On a fait des livres sur les sculptures pittoresques et étranges dont les artistes du XVe siècle se sont plu à en décorer les consoles (1). Pour un touriste, il y a là des souvenirs faciles à indiquer sur une page d'album.

Un jubé en pierre, en harmonie de style avec le reste de l'édifice, ornait autrefois l'entrée du chœur; il a été remplacé, en 1777, par la construction d'ordre ionique qui forme aujourd'hui cette partie de l'édifice. Un Christ en plomb doré par Clodion, deux autels en marbre dans les entre-colonnes : sur l'un, une statue de la Vierge par Lecomte, sur l'autre, une statue de sainte Cécile par Clodion, tels sont les éléments principaux de ce portique italien qui jette une note fausse dans l'harmonie de cette architecture ogivale éloquente, élancée, portée vers le ciel. Quoi qu'il en soit, dans les grandes fêtes, on le couvre de lumières, et il devient alors un heureux motif de décoration.

Il existait à la Cathédrale, avant la Révolution, une bibliothèque à laquelle on accédait par un gracieux escalier gothique, construit au XVe siècle, sous le cardinal Guillaume d'Estouteville, et placé dans l'encoignure du croisillon septentrional. La bibliothèque a été dispersée vers 1791; heureuse-

---

(1) *Les stalles de la Cathédrale de Rouen*, par E.-H. Langlois, in-8, planches.

ment le monument est resté. Bien qu'il soit d'un style peu conforme à la sévère architecture du XIIIe siècle, il passe néanmoins pour un des plus charmants détails de la basilique.

Le pourtour intérieur de la Cathédrale est enrichi de vingt-cinq chapelles plus ou moins dignes d'attention. La plus spacieuse est la première à droite en entrant; avant 1791, elle formait à elle seule la paroisse de Saint-Etienne-la-grande-Eglise. On y a placé en 1863, les tombeaux de Claude Groulard, premier président au Parlement de Normandie, et de Barbe Guiffard, sa seconde femme.

A l'extrémité de ce collatéral de la nef, en remontant, dans la chapelle du *petit Saint-Romain*, on trouve le tombeau de Rollon.

Dans le collatéral opposé, et précisément en face, voici la chapelle *Sainte-Anne*, avec le tombeau de Guillaume Longue-Epée, fils et successeur de Rollon ; des inscriptions sont placées sur la partie cintrée de ces tombeaux (1).

Le chœur de la Cathédrale était riche en sépultures, celles de Richard Cœur-de-Lion, de Henri le Jeune, son frère de Guillaume, fils de Geoffroy

(1) Deville, *Tombeaux de la Cathédrale de Rouen.*

Plantagenet, de Jean, duc de Bedford, régent de France sous Henri V, roi d'Angleterre, de Charles V, roi de France. Elles avaient disparu totalement en 1736, lorsqu'en 1838 on découvrit la statue du tombeau, et la boîte renfermant le cœur de Richard, duc de Normandie; en 1866, la statue de Henri le Jeune fut également retrouvée.

Elles sont placées aujourd'hui, l'une et l'autre, dans les entre-colonnes du sanctuaire, Richard à droite et Henri à gauche.

Entrons enfin dans la chapelle de la Vierge, et préparons-nous à l'admiration. Il y a là des trésors dignes de Saint-Denis.

Dans la seconde travée, à gauche, voici un tombeau en pierre, sans inscription, sans statue, celui de Pierre de Brézé, comte de Maulévrier, grand-sénéchal d'Anjou, de Poitou, de Normandie, tué à la bataille de Monthléry, le 16 juillet 1465. Ce monument, dont le petit bois intercalé dans le texte peut donner une idée d'ensemble est remarquable par ses gracieuses proportions, par l'élégance et la délicatesse de son architecture. Il se compose de deux pilastres semés d'arabesques soutenant une arcade à plein cintre, surmontée elle-même par un fronton travaillé à jour et décoré de toutes parts des initiales P. B. en caractères gothiques. La clé de voûte et les trois panneaux de front portent les armes du défunt.

Tout à côté, s'élève le tombeau de Louis de Brézé, petit-fils du précédent, mort au mois de juillet 1531. Il doit ce mausolée a Diane de Poitiers. L'ensemble est accompagné de quatre colonnes de marbre noir dont les chapiteaux et les bases sont en albâtre. Au milieu de ces colonnes repose un

cercueil sur lequel gît la statue en marbre blanc du grand-sénéchal; de Brézé est étendu sur le dos, entièrement nu, la main gauche placée sur la poitrine. La beauté des formes, l'expression désespérée de la figure ont fait attribuer ce marbre à Jean Goujon.

Derrière cette statue, on en voyait jadis une autre du même personnage représenté en habit de cour, avec le collier de Saint-Michel et une couronne sur la tête. On ne constate aujourd'hui que la trace des scellements qui la fixaient sur le tombeau. Aux deux extrémités, sont deux statues de femme, en albâtre; du côté de la tête, Diane de Poitiers, agenouillée, les bras croisés et en habit de veuve; aux pieds, la Vierge tenant l'enfant Jésus (1).

Si l'on ne parvient pas à lire complétement les inscriptions de ce tombeau, nous recommandons de les chercher dans l'ouvrage de M. Deville.

Toutefois citons, par exception, quatre vers latins bons à reproduire :

Hoc Lodoice tibi posuit Brezæ sepulchrum.
Pictonis amisso mœsta Diana viro.
Indivula tibi quondam et fidissima conjux,
Ut fuit in thalamo, sic erit in tumulo.

Singulière et involontaire ironie d'une promesse mensongère ! Fidèle à la couche nuptiale, fidèle

(1) Pommeraye *Histoire de la Cathédrale de Rouen*, 1666, in-4.

à la couche funèbre! Oui, vraiment, trop belle Diane, vous fûtes aussi peu fidèle à de Brézé vivant, qu'à de Brézé mort!

Continuons l'analyse du monument.

Au-dessus de l'entablement, dans une arcade, la statue équestre, en marbre blanc, du sénéchal. Des deux côtés, quatre cariatides couronnées de fleurs; à droite, la Prudence et la Gloire; à gauche, la Victoire et la Foi. Tout à fait en haut, encore une statue, la Force, selon les uns, la Justice ou la Prudence, selon les autres. A l'extrémité de la corniche, deux chèvres portent les armoiries du sénéchal.

Nous ne pouvons débattre ici la question de savoir quel est l'artiste dont nous retrouvons le génie de composition et d'exécution dans les moindres éléments de ce beau mausolée : Jean Goujon, disent les uns, Jean Cousin, disent les autres, a exécuté ce véritable chef-d'œuvre. Nous ne prenons parti ni pour l'un ni pour l'autre, mais pour tous les deux. Cousin et Goujon ont souvent travaillé ensemble. Ils collaborèrent au château d'Anet : Diane de Poitiers les protégeait également; pourquoi ne pas croire qu'ils unirent leur talent et leur science pour la plus grande gloire de Louis de Brézé?

Aussi brillant peut-être mais moins pur sous le

rapport du style, le tombeau des cardinaux d'Amboise occupe la droite de la chapelle. Après sept années d'un travail ininterrompu, il fut complétement achevé, en 1525, sous Georges d'Amboise, deuxième du nom. Les corps des deux cardinaux ne reposent plus dans le mausolée : leur sépulture a été violée pendant la Révolution, et les coffres qui contenaient leurs restes, enlevés.

L'intérêt artistique éclate de toutes parts dans cette belle œuvre. Examinez surtout avec une attention respectueuse les charmantes petites statuettes abritées dans leur niche qui garnissent la partie inférieure du monument. Elles représentent la Foi, la Charité, la Prudence, la Force, la Justice et la Tempérance. Toutes sont en marbre blanc.

Sur le tombeau de marbre noir, sont agenouillés les deux cardinaux Georges d'Amboise, oncle et neveu, la tête nue, les mains jointes. Ces deux prélats disent une fervente prière.

Au fond, un bas-relief représente le patron des deux personnages (saint Georges) terrassant un dragon. Sur les côtés, huit autres figures, parmi lesquelles la sainte Vierge, plusieurs saints, et notamment saint Romain. Une voussure, décorée de sculptures aussi remarquables par le bon goût que par la richesse des ornements, soutient un attique où dans des niches élégantes, s'abritent les douze apôtres.

Au pied du tombeau des cardinaux d'Amboise et dans leur ancien caveau sont inhumés : le cardinal Cambacérès, décédé à Rouen, le 25 octobre 1818, Mgr Blanquart de Bailleul, archevêque de Rouen, décédé à Versailles, le 30 décembre 1868; le cardinal de la Rochefoucauld et l'archevêque de de Bernis.

Enfin, ne sortez pas de la chapelle sans avoir salué le monument élevé au cardinal prince de Croy, en 1857. La statue est due au ciseau de M. Fulconis.

La Cathédrale renferme peu de tableaux remarmarquables; citons seulement *une Adoration des Bergers,* par Philippe de Champagne, au-dessus de l'autel de la chapelle de la Vierge; *une Annonciation,* par Letellier; *une Samaritaine* de J.-Ch. Tardieu; *une Mise au tombeau* de Poisson.

Jusqu'au mois de novembre 1876, l'harmonieuse sobriété des lignes de la nef était détruite par une chaire sans style, surmontée du dôme le plus lourd qu'on puisse imaginer. Cette vieille tribune n'avait pour elle qu'un mérite : elle avait entendu des princes de la parole comme Bourdaloue, comme Lacordaire.

La nouvelle chaire en chêne sculpté, dans le style du XIIe siècle, a été exécutée par MM. Blottière et Rebaursier, du Mans, sur les dessins de

Typ. A. Quantin.

SAINT-OUEN.

M. le chanoine Robert. Elle occupe dans le sens des deux dimensions (hauteur et largeur) une arcade ogivale de la nef; la base ornée des statuettes des douze apôtres est particulièrement remarquée.

A l'intérieur, la Cathédrale se complète tous les jours; on remet en état les chapelles des bas côtés ; à l'extérieur, on a terminé au sud une importante restauration de la façade; des maisons qui en gênaient l'accès ont disparu, il en reste encore quelques-unes vouées au même sort.

Lorsque cette vaste Cathédrale sera dégagée de tous les côtés, lorsque le grand portail aura subi quelques réparations indispensables et urgentes, on pourra la contempler dans toute son étendue, dans toute sa richesse, et l'on n'hésitera pas alors à proclamer qu'il est au monde peu d'églises gothiques, capables de rivaliser avec elle.

Saint-Ouen.

L'abbaye de Saint-Ouen était la plus ancienne de Rouen et de la province de Normandie.

Comme la Cathédrale, avant de prendre la forme définitive sous laquelle nous la connaissons, elle a été bâtie, détruite, rebâtie, brûlée, reconstruite plusieurs fois depuis l'année 533, époque de sa fondation. Elle s'appelait primitivement Saint-Pierre ; mais depuis le jour ou Rollon lui confia les reliques de saint Ouen, elle prit ce dernier patron. Son histoire est liée à des noms célèbres : Richard Ier et Richard II ; l'empereur Othon ; Guillaume Balot, abbé ; Rainfroid, abbé ; l'impératrice Mathilde ; Henri II, son fils ; Marcdargent, abbé.

C'est ce dernier qui, en 1318, pose la première pierre de l'église actuelle. Pendant les vingt et une années qu'il y fait travailler, on achève le chœur, les chapelles, les piliers qui supportent la tour et la plus grande partie du transept. Ces constructions coûtent environ 2,600,000 francs de notre monnaie.

Au xve siècle, Alexandre de Berneval dirige les travaux. L'édifice n'est entièrement terminé qu'au commencement du xvie.

Ici, plus que partout ailleurs, nous serions mal venus à dicter l'admiration à des voyageurs intelligents disposés à sentir spontanément la beauté d'ordre surnaturel qui se dégage de Saint-Ouen.

D'ailleurs, l'aspect général du monument, la beauté de son chœur, l'élégante majesté de sa tour sont choses connues, citées, classées dans l'opinion des âges et des peuples. A quoi bon informer les touristes qu'ils sont en présence d'une merveille du monde architectural? Le génie du plan, l'intelligence des proportions saute aux yeux pour ainsi dire. Et puis ne connaît-on pas Saint-Ouen avant de l'avoir vue? La vieille et noble abbaye est une de ces gloires françaises que la gravure a proclamées, que la photographie a popularisées.

Qu'on nous pardonne donc de revenir immédiatement au langage prosaïque des chiffres. Longueur totale du bâtiment : 137 mètres; hauteur : 32 mètres; largeur en comprenant les collatéraux : 25 mètres; longueur du transept : 42 mètres; largeur : 11 mètres. A l'extérieur, la tour centrale est incontestablement l'élément de l'édifice sur lequel nos regards se sentent le plus vivement attirés. Sans nous laisser aller à des élans d'extase immodérée, nous pouvons bien dire qu'elle est un triomphe de force, de grâce et de légèreté tout ensemble; fière de porter sa couronne ducale travaillée à jour, à 33 mètres environ au-dessus du comble, elle mesure 95 mètres à partir du pavé de l'église.

Elle est supportée, à l'intérieur de l'édifice, par quatre piliers, composés chacun de vingt-quatre colonnes groupées.

Le portail occidental, dit le grand portail, laissé pendant des siècles dans un état d'imperfection regrettable, a été achevé il y a peu d'années, sous l'habile direction de M. Grégoire, architecte. Il se compose d'une masse centrale flanquée à droite et à gauche de deux tours de 76 mètres, terminées en pyramide et percées de longues baies ogivales sur leurs faces. La base de ces tours reliées sans interruption avec le pignon principal, laisse place à trois portes ornées de voussures et gardées par un grand nombre de statues; sur les deux portails latéraux, nous citons au hasard : Dagobert Ier, saint Eloi, saint Nicaise, saint Romain, des contemporains de Saint-Ouen, ou des patrons du diocèse; sur le même plan, au nord et au sud, existent également des portails en retour peuplés de saints, de rois et de protecteurs de l'abbaye.

La voussure de la porte centrale est la plus riche. La base est coupée par un pilier vertical auquel s'adosse la statue du Christ; sur ses faces latérales, les douze apôtres sont facilement reconnaissables aux attributs qu'ils tiennent à la main. Enfin, au lieu d'être couronné par un pinacle, son fronton se termine par un groupe de la Trinité.

La façade est nourrie dans ses lignes supérieures par un cordon de galeries et de figures; on les oublierait presque, tant resplendit la rosace centrale, tant elle provoque le regard, sous les yeux même du patron de l'église, saint Ouen, dont la statue imposante termine le pignon culminant.

Le portail des Marmousets ferme au sud l'un des bras du transept. Il a été restauré avec le respect et les ménagements que le gothique moderne doit au gothique ancien. Sous la voûte, n'oubliez pas à titre de curiosité deux pendentifs pleins de hardiesse. Etudiez surtout le tympan de la porte. Dans ce bas-relief en trois zones, vous trouverez les épisodes principaux de la vie de la Vierge, son ensevelissement, son assomption, son entrée au ciel. Quelles charmantes sculptures ! et quel fini d'exécution !

Le portail nord est caché par le bâtiment de l'Hôtel-de-Ville avec lequel il communique. Du même côté, voici le cloître ; l'ancienne maison abbatiale a été démolie.

L'extérieur de l'abside, du côté du jardin public, est un des aspects les plus heureux de l'édifice. En le parcourant des yeux, comme on comprend ce mot piquant et vrai de M. Viollet-le-Duc. « Demander une église gothique sans arcs-boutant « c'est demander un navire sans quille. » *La chambre aux clercs*, située à l'angle de l'église et des bâtiments de la mairie, donne une idée de ce que pouvait être la première abbaye ; son architecture est du XIe siècle.

A l'intérieur, l'impression est non moins vive, non moins imposante. La simplicité des lignes, l'ombre répandue sur les voûtes noircies en 1793 par la fumée des forges de la Révolution, le sacrifice intentionnel de la largeur à la hauteur dans le calcul des proportions, tout vous élève, tout vous parle de prière et d'immortalité, et la parole de Montaigne vous vient aux lèvres : « Il « n'est âme si revesche, qui ne se sente touchée « de quelque révérence à considérer cette vastité « sombre, et ouïr le son devotieux de nos orgues ; « ceulx mêmes qui y entrent avec quelque mépris « sentent quelque frisson dans le cœur. » Les piliers de la grande nef et du chœur ont des statues dont la nécessité architecturale, est loin d'être démontrée. Passe encore pour celles de la nef; il en existait autrefois : les niches l'attestent. Quant à celles du chœur, elles gâtent les perspectives, et comme elles sont fort grandes, elles rappetissent la dimension des arcades ogivales au lieu de leur donner de la valeur. La base de ces travées est reliée à l'extrême orient par des superbes grilles en fer forgé.

Toute l'église reçoit le jour par cent vingt-cinq fenêtres sur trois rangs, sans y comprendre les trois rosaces. Le second rang de ces fenêtres, éclaire une galerie circulaire intérieure qui règne au-dessus des collatéraux.

Parmi les vitraux, il faut surtout remarquer les dais gothiques de la verrière en face la grille du chœur, dans le collatéral du midi. Saint Romain est représenté se rendant maître de la gargouille, et faisant rentrer la Seine dans son lit. Contre le premier pilier de droite, en entrant par le portail occidental, est un grand bénitier de marbre. Par un effet d'optique assez curieux, en regardant au fond de ce bénitier on voit renversée, mais fort distincte, la voûte de l'église dans toute son étendue.

Onze chapelles environnent le chœur de l'église. La première, à gauche en remontant vers l'extrémité orientale, contient les fonds baptismaux, et est dédiée à saint Martial. Dans la seconde en suivant la même direction, fut inhumé, en 1440, Alexandre de Berneval. La chapelle de la Vierge, au fond, vient d'être restaurée par M. Desmarest. On y remarque les cinq grandes verrières et les deux tombeaux érigés au XIVe siècle, l'un à l'abbé Nicolas, l'autre à l'abbé Roussel, dit Marcdargent; l'autel en pierre et le grand retable auquel il est adossé; les statues et les bas-reliefs dûs au ciseau de M. Fulconis. Du côté du sud, d'autres restaurations ont doté les chapelles des bas côtés du chœur, d'autels de style ogival; les nervures et les clefs de voûte ont été dorées sur fond d'azur.

Saint-Ouen possède un certain nombre de tableaux, entre autres, *la Visitation*, par Deshays, peintre rouennais du XVIIIe siècle, célèbre dans son temps par ses raccoursis et ses effets de lumière ; une *Multiplication des pains* par Halle ; une *Ouverture de la porte Sainte à Rome*, par Pierre Léger, peintre rouennais ; la *Flagellation* par Marigny; une *Ascension* ; un *Saint François d'Assise*, attribué à Lesueur, et quelques toiles assez intéressantes dans la sacristie.

Enfin la chaire en bois sculpté, construite dans le style du XIVe siècle, est vivement appréciée pour ses qualités d'élégance et de légèreté.

Saint-Maclou.

Si la Cathédrale et Saint-Ouen représentent à Rouen le style gothique dans ce qu'il a d'imposant, Saint-Maclou, toute charmante dans sa robe de dentelle, atteste que ce même style peut exprimer non moins complétement l'idée de la grâce parfaite. Elle s'appelait autrefois *la fille aînée de Mgr l'archevêque*. On y gardait les saintes huiles, et elle en distribuait à toutes les paroisses du diocèse. Ce privilége est indiqué par deux vases portés sur deux barres de fer de chaque côté de la croix qui couronne le grand portail.

Bâtie dans la deuxième moitié du XVe siècle, Saint-Maclou mesure 50 mètres de long sur 25 mètres de large, y compris les collatéraux. La hauteur, à partir du pavé de la nef jusqu'à l'extrémité de la flèche est de 82m,70. Ce joli clocher, de forme pyramidale, a été construit de 1867 à 1868, sous la direction de M. Barthélemy.

A l'intérieur, une lanterne centrale, haute de 40 mètres; un charmant escalier sculpté à jour conduisant à l'orgue; les vitraux, plus ou moins bien conservés, sont à peu près les seuls points sur lesquels doit reposer l'attention.

La disposition du grand portail, convexe, à cinq issues, est fort ingénieuse. Le bas-relief sculpté au-dessus de la porte centrale représente le *Jugement dernier*.

La véritable originalité de cette église est d'abord dans son ensemble extérieur; tous les jours on l'isole des vieilles maisons qui l'étreignent, et bientôt on pourra sans entraves embrasser la physionomie complète de ce bijou du XVe siècle. L'autre *great attraction* de l'édifice est la beauté de ses portes en bois sculptées par Jean Goujon

et que la gravure a popularisées comme les portes du baptistère de Florence.

Aître Saint-Maclou.

En sortant de Saint-Maclou n'oubliez pas l'aître qui porte ce nom, au n° 188 de la rue Martainville : c'est un ancien cimetière, sur le cloître duquel des yeux exercés peuvent reconnaître des fragments de sculptures curieuses appelées *danses des morts*.

Saint-Patrice.

L'extérieur de Saint-Patrice, bâtie en 1535, n'offrait rien de remarquable avant qu'une habile restauration n'ait restitué au portail principal sa physionomie primitive. Ce travail vient d'être fait. Le tympan au-dessus de la porte renferme des bas-reliefs à remarquer : ils rappellent les principaux événements de la vie de saint Patrice. La statue du patron est placée au haut du pignon central supérieur.

On ne peut se passer d'étudier à l'intérieur les admirables vitraux du XVIe siècle, c'est-à-dire de la période la plus brillante de la peinture sur verre en France.

A gauche du chœur, en regardant l'orient, une vitre exécutée d'après les dessins de Jean Cousin, et divisée en deux étages, représente, sous le voile de l'allégorie, *le Triomphe de la loi de grâce*. Dans la chapelle située à l'extrémité du côté gauche, *la Vie de la Vierge, l'Annonciation* (1538), *la Vie de saint Eustache* (1543), *les Vies de saint Louis* (1583), de *saint Faron* et de *saint Fiacre* (1540).

Toujours de ce côté, en entrant par le portail occidental ; première fenêtre : *Job couché sur le fumier* (1570) ; deuxième fenêtre où, parmi les événements saillants de *la Vie de saint Patrice*, l'artiste a représenté l'apôtre de l'Irlande forçant un voleur à confesser par de longs bêlements exprimés ainsi : MÊEE ! MÈEE ! le crime qu'il a commis en dérobant et en mangeant la brebis de son voisin ; troisième fenêtre : *Martyre de sainte Barbe* (1540).

A droite du chœur, en montant : *la Femme adultère* (1549), *Moïse, le Sacrifice d'Abraham, Justice et Paix*, sujet mystique.

Au fond, les trois fenêtres du chœur : *la Passion, la Mort, la Résurrection du Christ*.

La chaire à prêcher de Saint-Patrice était autrefois dans l'église Saint-Lô.

On cite parmi les meilleures toiles de l'église une *Sainte Justine* de Mignard, une *Scène de la Passion*, du Bassan, et *Saint Remi guérissant un boiteux* (attribué au Poussin).

Sainte-Madeleine.

De l'avenue du Mont-Riboudet, on aperçoit le portique de l'église de la Madeleine. Edifiée d'après les dessins de Le Brument, décorée par le ciseau de Jadoulle, cette construction moderne fut terminée le 7 avril 1781. Elle est édifiée dans le style et sur le plan des basiliques romaines.

A l'intérieur, la Madeleine se compose d'une nef et de deux collatéraux. A l'extrémité supérieure de la nef s'élève un dôme en plein-cintre, surmonté à l'extérieur par un obélisque.

Parmi les tableaux des chapelles, on peut citer : à droite, la *Guérison de l'aveugle ;* à gauche, la *Guérison du paralytique,* par Vincent.

Les vitraux sont modernes, mais généralement bons.

Derrière le maître-autel est la chapelle des Dames religieuses de l'Hôtel-Dieu.

Saint-Sever.

L'église Saint-Sever n'est pas, à proprement parler, une des curiosités de la ville de Rouen ; nous la citons pour ne laisser de côté aucune église paroissiale. Achevé en 1860, ce monument, qui n'appartient que de fort loin au style de la Renaissance, mesure 53 mètres de long sur 28 mètres de large et remplace une vieille église devenue insuffisante pour les besoins de la population. La hauteur totale du clocher depuis le sol jusqu'au sommet du coq est de 57 mètres. La façade est décorée d'un certain nombre de statues. Au centre, au-dessus de la grande porte d'entrée, figure le patron de l'église, en costume épiscopal, bénissant des groupes de pèlerins qui viennent l'implorer.

La châsse de saint Sever, qui faisait partie du trésor de la Cathédrale, est maintenant au Musée d'antiquités (1).

Saint-Romain.

Bâtie vers 1680, l'église Saint-Romain mérite, à l'extérieur, un examen fort superficiel. Le clocher, dans le style de la Renaissance, est en charpente recouverte de plomb repoussé. Il a été terminé cette année même.

Au contraire, l'intérieur de l'édifice renferme quelques curiosités . le tombeau en marbre de saint Romain, sur lequel a été placé le maître-autel; des vitraux parmi lesquels on signale : une *Sainte famille*, une *Histoire d'Adam* en six com-

(1) Voyez *Histoire de saint Sever et des églises qui ont été érigées en son honneur dans la ville de Rouen*, par MM. A. Pottier et P. Baudry; Rouen, 1860, in-8.

partiments, *Saint Etienne devant ses juges*, le *Martyre de saint Etienne, Tobie ensevelissant les morts*, la *Résurrection de Lazare*; etc.; des fresques par Pecheux; l'*Agonie de Jésus-Christ* au fond du sanctuaire; le *Baptême de Jésus-Christ* dans la chapelle des Fonts; d'autres fresques ornant la voûte du dôme et représentant les principaux événements de la vie du patron de l'église.

Quand il n'y aurait à Saint-Romain que les fonts baptismaux, cela suffirait pour légitimer une courte visite de ce côté. Le couvercle du baptistère vient de l'ancienne église de Saint-Etienne-des-Tonneliers; il est enrichi de bas-reliefs représentant *la Passion de Jésus-Christ*. Dans la lanterne qui surmonte le couvercle est une *Résurrection*. Ces sculptures en bois, d'une richesse exceptionnelle, sont des premières années du XVIe siècle.

Saint-Godard.

L'intérêt artistique de Saint-Godard se concentre exclusivement dans sa collection de vitraux. En voici la liste et l'explication :—au fond, le *Triomphe de la croix et de l'Evangile*, l'*Histoire de saint Godard* et l'*Histoire de saint Laurent*, par M. Jollivet (vitraux modernes) ; — au midi, collatéral de droite, la *Généalogie de la Vierge*, *Episodes de la vie de la Vierge*, vitrail du XVIe siècle exécuté, dit-on, sur des cartons de Raphaël ou de François Penni, son élève, la *Conversion de saint Paul*, la *Conversion de saint Augustin*, le *Baptême de Clovis*, la *Conversion de sainte Marie-Madeleine* et de *sainte Marie-Egyptienne*, *Prédication de Notre-Seigneur sur le lac de Génézareth*, *Histoire de saint François d'Assises*, *Histoire de saint Vincent de Paul*, *Histoire de saint Charles Borromée* et de *sainte Honorine* (vitraux modernes) ; — au nord, collatéral gauche, l'*Histoire de saint Romain* (verrière du XVIe siècle); au-dessus de l'autel, les *Apparitions évangéliques* (verrière mi-partie ancienne mi-partie moderne); puis une série de fenêtres modernes relatives à l'histoire de la paroisse : la *procession du Corps saint*, qui était une procession du saint Sacrement venant, dès le XIe siècle, de la Cathédrale à Saint-Godard, *Procession de la fierte de saint Romain au château*, *Institution de l'Echiquier perpétuel au château*, *Meurtre de saint Prétextat, archevêque de Rouen*, les *Œuvres de la charité maternelle et du zèle maternel* symbolisées par une personne de qualité donnant des secours à la mère de Moïse, par la fille de Pharaon sauvant l'enfant des eaux, par la leçon de lecture de sainte Anne à la sainte

Vierge, par sainte Ursule, patronne de nombreux établissements d'éducation pour les jeunes filles chrétiennes, et enfin par Blanche de Castille instruisant le jeune saint Louis, son fils; *Saint Louis entre saint Thomas d'Aquin et Guillaume d'Auvergne, évêque de Paris*. (L'évêque et saint Louis sont d'anciens vitraux, le saint Thomas est entièrement neuf.) *Sainte Cécile* et *saint Grégoire, Vie de saint Jean-Baptiste*. —Enfin au bas de l'église, au-dessus du portail principal, est une grande verrière représentant la *Prise de Damiette par saint Louis*, et au-dessus *Saint Louis présidant l'assemblée des barons du royaume pour entreprendre la deuxième croisade*. Toutes ces fenêtres des côtés, neuves ou restaurées, sont presque toutes de MM. Laurent et Gisell, peintres-verriers, à Paris.

Les peintures murales de Saint-Godard sont de M. Le Hœnalff, que ses fresques à l'église Saint-Eustache de Paris ont fait connaître dans le monde des arts. Elles représentent *le grand-prêtre Melchisédech offrant le pain et le vin, la Cène, Jésus-Christ donnant à ses apôtres le pouvoir d'enseigner et de baptiser*.

A part la chapelle souterraine et la nouvelle chaire en bois sculpté, nous ne voyons rien de plus à signaler dans l'église Saint-Godard, dont la construction principale date du XVIe siècle.

Saint-Nicaise.

Hormis l'élégante symétrie du chœur, Saint-Nicaise n'intéressera pas nos lecteurs. Deux verrières du XVIe siècle, aux extrémités orientales des collatéraux, sont les derniers vestiges malheureusement bien mutilés d'une vitrerie qu'on disait remarquable.

Tout près de Saint-Nicaise est situé le grand Séminaire, où sont instruits les jeunes hommes du diocèse qui se destinent au sacerdoce.

Saint-Vincent.

Malgré les mutilations du temps et les ruines causées par l'ouragan du 12 mars 1876, Saint-Vincent n'en est pas moins une de nos plus jolies églises. Les restaurations extérieures sont poussées tous les ans avec activité. L'abside est à peu près terminée ; on vient de finir le portail méridional, dont les formes sveltes et délicates remplacent une lourde construction couverte en tuiles.

Un porche élégant abrite l'entrée du portail occidental, au-dessus duquel on aperçoit les

Typ. A. Quantin.

SAINT-VINCENT.

vestiges d'un bas-relief représentant le jugement dernier : L'intérieur de l'église n'est pas homogène, la nef est du xve siècle, le chœur est du xvie et l'ornementation du xviiie. Les dorures et les accessoires enlèvent à l'architecture du chœur sa légèreté et sa hardiesse.

Les vitraux de cette église sont très-remarquables (1). En entrant par le portail occidental, n'oubliez pas à gauche le splendide *Jugement dernier* ! plus loin, dans l'aile septentrionale, en face de la première travée du chœur, une autre verrière représente des *saints* et des *saintes*, parmi lesquels on distingue saint Pierre, saint Jacques, saint Michel, saint Jean, sainte Catherine, etc. Ces figures sont surmontées de dais aux brillantes couleurs. La troisième est l'*histoire de saint Jean-Baptiste*. Le panneau inférieur représente la Décollation du saint, dont on apporte la tête à Hérode, assis à table avec Hérodias.

Dans la chapelle, à gauche du chœur, voici un *miracle* attribué à *saint Antoine de Padoue* : une mule, qu'un hérétique avait privé de nourriture

---

(1) Voyez : *Eglise paroissiale de Saint-Vincent de Rouen*; — *description des vitraux*, par P. Baudry, in-8.

durant trois jours, abandonne l'avoine qui lui est présentée pour se prosterner devant le saint Sacrement, que le saint tient entre ses mains. Dans le collatéral méridional, la plus remarquable des verrières restaurées est située à la partie méridionale voisine du transept. Dans une suite de sujets divers, divisés en trois étages ou zones, elle représente, sous le voile d'une allégorie mystique, la glorification de la Vierge : premier étage, *Adam et Eve portés en triomphe dans le paradis terrestre ;* deuxième, *Adam et Eve chassés du paradis après le péché,* condamnés au travail, à la douleur et traînant le char vide; troisième, *la Vierge montée sur un char* tiré par des anges, précédé de la Vérité et suivie par des princes de toutes les nations; d'autres vitraux modernes ont été récemment posés, entre autres, un vitrail représentant *la vie de saint André, la vie de saint Etienne, celle de saint Georges.*

Saint-Vivien.

L'église Saint-Vivien, composée d'une nef spacieuse et de deux vastes collatéraux, a été élevée au XVe siècle. On y remarque quelque vitraux qui datent de cette époque, plusieurs belles vitres modernes et le buffet de l'orgue, dont on attribue les sculptures à l'un des frères Angier (commencement du XVIIe siècle).

Saint-Gervais

Elevée probablement à la place de la chapelle où l'archevêque saint Victrice déposa les reliques de saint Gervais, l'église actuelle, rebâtie dernièrement par M. Martin dans le style du XIe siècle, offre un intérêt réel pour l'histoire de la Normandie. Dès l'année 386, on parle d'une chapelle bâtie de ce côté. Elle devient abbaye, puis église paroissiale. Le corps de Guillaume le Conquérant y fut apporté de Mantes en 1087, avant d'être conduit à l'abbaye de saint Etienne de Caen.

La crypte est une des parties du vieil édifice oublié par le temps; cette catacombe caractéristique est immédiatement sous le chœur de l'église. On y descend par un escalier de vingt-huit marches en pierres. Sa longueur est de 11^m,36 sur 5^m,19 de large et 4^m,87 de haut. Un banc de pierre y règne circulairement. Là furent inhumés nos deux premiers archevêques, saint Mellon et saint Avitien. Là aussi se retrouvent les seules traces visibles à Rouen de l'architecture romaine. A deux pas, se prolongeait la voie qui conduisait de l'antique *Rothomagus* à *Juliobona,* en passant par le Mont-aux-Malades. Le nouveau monument consiste dans une nef et deux vastes collatéraux. Le portail, construit dans le même style, est accompagné à droite d'une tour également romaine et terminée par une flèche en pierre. A l'intérieur, l'abside a été revêtue de fresques et d'ornements. Nous recommandons à la très-vive attention des artistes les belles peintures de M. Savinien Petit, que la mort vient d'enlever à l'art chrétien.

Saint-Hilaire.

L'église Saint-Hilaire a été inaugurée dans les premiers jours de l'année 1878. Elle se compose d'une nef principale très-large et de nefs latérales plus petites. Le chœur se termine en abside : il compte de chaque côté deux travées en ogives surmontées d'un triforium aveuglé, et dans la partie supérieure de deux fenêtres romanes. La nef a quatre travées; la partie libre sous la tribune de l'orgue forme la quatrième travée.

Le mobilier de l'église est fort riche: autel, chaire, candélabres, tout a été très-soigné.

A l'extérieur, le portail est simple : on a réservé les richesses de la décoration pour le clocher, qui est placé au centre du transept. Le style du monument est de l'époque de transition, entre le XIIe et le XIIIe siècle.

Saint-Paul.

Saint-Paul est-il, comme l'indique Farin, un ancien temple d'Adonis ? Les savants se livrent à ce sujet à des controverses en dehors de notre programme. Il est certain, néanmoins, qu'elle était la seule église de Rouen qui offrit le type des trois absides semi-circulaires des monuments du XIe siècle. Quelques figures assez bizarres grimacent sous la corniche du pourtour extérieur. Une église neuve a été élevée tout à côté de l'ancienne; on a utilisé les anciens monuments, et on en a fait des sacristies.

La promenade à l'extrémité de laquelle est située l'église Saint-Paul a été plantée en 1729, puis renouvelée en 1860. On a essayé, sur une des contre-allées, d'installer un chemin de fer de montagne qui n'a point abouti ; les traces de la voie commencée se suivent facilement dans toute la longueur. Du haut de cette avenue, l'aspect de la ville est déjà fort complet; à deux pas sont les sources d'eaux ferrugineuses appelées Eaux de Saint-Paul.

Saint-Clément.

L'église Saint-Clément est à Saint-Sever, au-delà de la route de Caen. C'est un monument neuf, construit en briques et pierres, dans le style roman du XIIe siècle. La façade occidentale offre une porte à arcade, plein-cintre, dont les voussoirs sont décorés de zig-zags, de bâtons rompus de dents de scie, etc. Le tympan placé au-dessus de cette baie contient des bas-reliefs rappelant la mission apostolique du patron de l'église. Sur le pignon de ce portail, s'élève le clocher, dans le même style que l'église.

Saint-Clément se compose d'une nef principale et de deux collatéraux. La nef se termine en abside; autour du chœur et à l'intérieur sont des statues sous des niches. Des autels garnis de retables monumentaux en pierre garnissent les chapelles du transept.

Les fonts baptismaux en bronze, et les confessionnaux en chêne sculpté, on été très-soignés.

CULTE PROTESTANT.

Saint-Éloi.

Rien de remarquable à Saint-Éloi, temple protestant depuis 1803. Il y a dans le chœur un puits aujourd'hui fermé, d'où l'on tirait l'eau par une chaîne en fer; de là le proverbe rouennais : « Froid comme la corde du puits de Saint-Éloi. »

MONUMENTS CIVILS.

Hôtel de la Préfecture.

L'hôtel de la Préfecture, situé rue de Fontenelle et boulevard Cauchoise, est un monument moderne. La partie de l'édifice qui longe la rue Racine renferme les archives départementales; on peut y consulter tous les jours, de deux à quatre heures, des documents extrêmement curieux sur l'histoire de la ville de Rouen. La salle du Conseil général a été construite parallèlement à la salle des Fêtes. On peut réunir ces deux locaux en un seul.

Hôtel de Ville.

Appuyé contre l'église Saint-Ouen, qu'il masque désagréablement, l'Hôtel-de-Ville de Rouen servait autrefois de dortoirs aux religieux de l'abbaye. Aujourd'hui, cet édifice est trop petit pour comprendre les nombreux services de l'administration, le Musée et la Bibliothèque. Aussi vient-on de construire, rue Thiers, un grand bâtiment très-bien compris, qui doit abriter la galerie municipale.

Le rez-de-chaussée de l'Hôtel-de-Ville est particulièrement absorbé par une vaste salle destinée à des cérémonies publiques ; elle renferme quelques portraits en pied : MM. d'Herbouville, Forfait, Duvivier, Lézurier de la Martel, Broche, Verdrel et le grand Corneille. A gauche de l'entrée, dans le vestibule, la statue en marbre de P. Corneille est de Cortot; à droite, une statue en marbre de Jeanne Darc sur le bûcher est due à M. Jean Feuchère. L'escalier volant en pierre, léger et élégant, rappelle celui de Somerset house. Au premier perron, dans une niche, une statue en marbre, par Lemoine, représente le jeune roi Louis XV dans un costume héroïque. Un autre escalier plus grand, et plus hardi, conduit, du côté de Saint-Ouen, à la Bibliothèque et au Musée; au pied de cet escalier, dessiné par Le Brument, a été placé le tombeau de Géricault, sculpté par Etex. Au nombre des plâtres les plus importants qui garnissent le corridor du premier étage, on remarque le général Bonchamp, par David d'Angers. Il est représenté demandant, avant de mourir, grâce pour les prisonniers.

La façade de l'Hôtel-de-Ville se compose de deux pavillons parallèles à chacune des extrémités et d'un péristyle moins saillant au milieu. Des colonnes d'ordre corinthien soutiennent le fronton où sont sculptées les armes de la ville. Dans l'axe de ce péristyle au milieu de la place, Napoléon Ier, à cheval sur une monture ardente, salue du haut de ses $10^{m},65$ des corps de troupes qui sont supposées déboucher de la rue de la République. Cette statue équestre est de M. Vital Dubray.

Palais Archiépiscopal.

Ce palais touche à l'église cathédrale; il occupe tout le terrain situé entre les rues des Bonnetiers, de la République et Saint-Romain. La porte extérieure en pierre, a été élevée sur les dessins de Mansart. Le corps de bâtiment qui fait face en entrant a été exécuté en grande partie par le cardinal d'Estouteville en 1461, et terminé par Georges d'Amboise Ier. A l'intérieur, la galerie des *Etats* renferme quatre grandes toiles peinte par Robert vers la fin du XVIIIe siècle. Ces tableaux sont des vues du Havre, de Dieppe, de Rouen et de Gaillon.

Palais de Justice.

Pour comprendre historiquement le Palais-de-Justice, il faut diviser son ensemble en trois parties. La première comprend l'aile gauche ou occidentale, c'est la plus ancienne; elle date de 1499, et a été bâtie par Roger Ango. Le centre du palais avec la tourelle forme la seconde. Elle se subdivise elle-même en deux parties : à l'ouest, les bâtiments de l'Échiquier, qui datent également

Typ. A. Quantin

PALAIS DE JUSTICE.

de 1499; à l'est, le palais royal, élevé quelques années plus tard, par l'ordre de Louis XII, sur les plans de Rouland Leroux. La troisième est l'aile gauche ou orientale ; elle a été construite en 1843, par M. Grégoire, alors architecte du département.

La grande salle de Roger Ango, dite des Procureurs ou des Pas-Perdus, est longue de $48^{m},72$ et large de $16^{m},24$. Sa voûte immense n'est soutenue par aucun pilier ; la hardiesse de cette charpente en forme de nef est digne en même temps de l'admiration des artistes et de celle des architectes. Des niches élégantes et restées vides, se détachant en relief à des distances égales sur les murailles, sont les seuls ornements qui en décorent l'intérieur. Elle reçoit le jour en haut par de larges fenêtres ogivales, dont les pièces principales sont rehaussées de rouge, de bleu, d'or, et ornées des armes de France et de la ville de Rouen.

Plus bas, des fenêtres garnies de volets intérieurs en chêne sculpté munis de leurs ferrures peintes, donnent une lumière tamisée par des vitraux de nuances plus ou moins harmonieuses. Au nord, et sur un niveau plus élevé que celui de la salle, on a rétabli *la Table de marbre* où siégeait autrefois la juridiction des eaux et forêts.

Ce superbe monument vient d'être refait en entier par les soins de M. Desmarest. Deux grandes portes s'ouvrent à droite et à gauche dans la section septentrionale de l'édifice; la première conduit au Tribunal civil, où se trouvent deux toiles avec des cadres du temps aux armes de Louis XIV, l'une de Wanloo : *deux Génies soutenant les armes de France*, l'autre le *Triomphe de la Justice et de la Vérité*, par Deshays. En face, est la porte de la salle des assises, autrefois, celle de *l'Echiquier*. Cette chambre peut être regardée comme l'une des plus belles de l'Europe. Le plafond à compartiments et caissons décoré de rosaces et d'ornements en bronze doré, est d'un bois de chêne que le temps a rendu couleur d'ébène; la corniche et les diverses parties de la décoration s'harmonisent parfaitement avec l'époque de construction de l'édifice.

Un Christ en croix accompagné de deux statuettes : *la Justice* et *la Force*, sont placés à l'extrémité de la salle, au-dessus des siéges de la Cour. Sur le même panneau sont deux médaillons contenant les portraits en relief du Cardinal d'Ambroise et de Louis XII. Les murailles sont tapissées d'abeilles que le temps et l'humidité font tomber peu à peu. On a placé récemment de chaque côté de la salle, des tapisseries des Gobelins faites sur des cartons de Raphaël, *Justitia* et *Comitas*.

Le parquet du procureur général occupe le reste du *Palais royal*. L'aile droite est occupée par les chambres de la Cour. Le plafond de la chambre des audiences solennelles recevra bientôt une peinture de Laugée.

A l'extérieur, la façade du palais s'étend sur

une longueur de plus de 65 mètres. Elle est décorée de tout ce que l'architecture de l'époque a de plus riche et de plus délicat. Les piliers angulaires, les trumeaux chargés de dais, de statuettes et de clochetons, les mille ornements qui encadrent les fenêtres du premier, avant d'escalader celles du toit, la galerie d'arcades au-dessus de l'entablement, la tourelle octogone, tout est fouillé, soigné, caressé par un ciseau amoureux de son art, tout abonde de détails et de motifs devenus populaires d'ailleurs depuis que la photographie a répandu le Palais-de-Justice de Rouen un peu partout en France et à l'étranger.

Le style qui caractérise cet édifice splendide, tient à l'époque de transition du gothique et de la Renaissance.

Hôtel des Sociétés savantes.

En sortant de la cour d'honneur, et en passant par la voûte, sous la salle des assises, on arrive en face d'un bâtiment fermé par une porte monumentale, c'est *l'Hôtel des Sociétés savantes* de Rouen.

La Grosse-Horloge.

La Grosse-Horloge est un des monuments les plus pittoresques et les plus caractéristiques de la ville.

Construit de 1389 à 1398, dans le style go-

thique simple, cet édifice consiste en une tour carrée surmontée d'un dôme en charpente recouverte de plomb, et terminée par une campanille qui renferme les cinq cloches de la sonnerie.

Dans la tour se trouve la fameuse *Cloche d'argent* dont le son clair et vibrant a fait croire qu'elle était en partie composée de ce métal précieux. Il n'en est rien, et le nom pittoresque que la tradition lui a donnée ne repose en définitive que sur une illusion.

La cloche d'argent est mise en volée tous les soirs à neuf heures, comme pour annoncer le moment du couvre-feu; les jours d'élections, elle avertit les habitants de l'ouverture du scrutin.

Du haut de la plate-forme du Beffroi, on aperçoit la ville et les environs; à peu de distance se dresse le portail de la Cathédrale, les toits du Palais-de-Justice, la tour Saint-André, et Saint-Vincent.

A la base du monument est adossée une petite maison en pierre et bois dont les pignons sont décorés de sculptures du XVIIIe siècle; à côté, une fontaine qui date du même temps est surmontée d'une niche et d'un bas-relief représentant *Alphée* et *Arethuse* : notre gravure permet d'apprécier le mouvement de ces figures (Voir au chapitre Fontaines curieuses, page 77).

De l'autre côté de la rue s'élève un bâtiment d'architecture en bossage datant de Henri IV; c'est l'ancien Hôtel-de-Ville. Il est relié au Beffroi par une voûte en pierre construite en 1527, sur le travers de la rue, à l'endroit qu'on appelait encore la *porte de Massacre*. Aux deux côtés de cette arcade sont des médaillons et un cadran. Sous la voûte, des sculptures représentent un berger et des moutons. A gauche, en regardant le Vieux-Marché, on lit cette inscription : *Animam suam ponit pro ovibus suis ;* en regard : *Pastor bonus.*

Tour Saint-André.

Rue Jeanne-Darc.

Cette tour, aux formes élégantes, est du xve siècle. Elle faisait partie de l'église Saint-André dans la ville, détruite il y a peu d'années ; elle a été complétement restaurée en 1866. Les statues de l'étage supérieur sont : à l'est, saint Adrien ; à l'ouest, saint Jean-Baptiste ; au sud, saint Pierre ; au nord, saint André. Les deux dernières figures ont été nouvellement sculptées.

La petite place ou square, au milieu duquel s'élève la tour, a reçu le nom de square Saint-André. Dans l'angle nord-ouest, on a reconstruit en 1868 la façade d'une curieuse maison en bois du xvie siècle, qui portait, rue de la Grosse-Horloge, les n°s 129, 131. Cette maison, terminée par un pignon, decorée d'arabesques et de médaillons, est un spécimen des constructions domestiques de l'ancien Rouen.

Tour Saint-Laurent.

Rue Thiers.

La tour mérite principalement de fixer l'attention ; elle fut commencée en 1490 et achevée en

1501 ; le jubé de Saint-Laurent passait pour un chef-d'œuvre.

Les Halles et le monument de la Fierte.

Les halles actuelles occupent en partie l'emplacement du palais de Richard Sans-Peur et de la *Vieille-Tour* qui en faisait partie. Un peu en avant de la Halle aux toiles, au milieu de la façade septentrionale, s'élève un édifice remarquable, qui date de la Renaissance ; on l'appelle le monument de saint Romain. Sa construction, n'est point liée à celle de la Halle, avec laquelle il n'a aucun rapport. Il n'a point fait partie non plus de l'ancien palais des ducs de Normandie, comme quelques personnes paraissent encore le croire. Le style de son architecture indique suffisamment l'époque de sa construction : 1542. C'était au premier étage de ce monument qu'avait lieu *la levée de la fierte* pour la délivrance d'un prisonnier.

Avant la Révolution on délivrait en effet chaque année un détenu, en mémoire d'une tradition qui veut que saint Romain aidé par un condammé à mort ait sauvé Rouen des atteintes d'un dragon furieux appelé *la Gargouille.* On amenait le coupable au premier étage du monument et on imposait sur ses épaules la châsse contenant les restes du saint archevêque.

On parle de fonder un Conservatoire de musique à Rouen, et l'on projette de le placer dans

les nombreuses salles de la Halle, qui sont pour le moment inoccupées.

Bourse. — Tribunal de Commerce et Chambre de Commerce.

Sur le quai, entre la rue Jacques-le-Lieur et la rue Nationale, un palais, construit en 1735 par François Blondel renferme en même temps : la Bourse, le Tribunal et la Chambre de commerce. La Bourse se tient à découvert dans l'espace entouré de grilles et qui fait suite à la petite Provence. Lorsque le temps ou la saison ne permet pas de se rendre à la Bourse découverte, on se réunit à l'intérieur dans la grande salle du rez-de-chaussée. Au milieu de cette galerie est un bel escalier divisé en deux volées à partir du premier perron et orné de la statue en pied de Louis XV. Ce plâtre a été moulé sur le marbre de Coustou. L'escalier conduit à la salle des audiences du Tribunal de commerce, qui est ornée d'un beau Christ de Jean Dumont dit le Romain.

Dans la galerie voisine, vaste salle de réception dépendant de la Chambre de commerce, on remarque quatre tableaux de grande dimension : *Une audience accordée par Louis XVI* à la Chambre de commerce de Normandie, le 28 juin

1786, dans la grande salle de l'Archevêché, dite *salle des Etats*, par Lemonnier. Trois toiles par Schoppin : *Création du Tribunal consulaire* en 1556, *Création de la Chambre de commerce* en 1703, *Visite de Louis-Philippe à Rouen* en 1833. Une toile beaucoup plus belle au point de vue de l'art, occupe toute la longueur de la salle d'été de la Chambre de commerce ; elle est de Lemonnier et représente allégoriquement *les cinq parties du monde.*

La Douane.

La Douane est située quai du Havre, entre les rues des Entrepôts et Saint-Eloi. Ici, l'intérêt se concentre exclusivement sur la façade, avec ses deux bas-reliefs en pierre, dus au ciseau de David et représentant les génies du *Commerce* et de la *Navigation*. La *Navigation* est placée à droite. Une femme aux bras nus, aux traits mâles, tient de la main gauche un gouvernail antique, à ses pieds la boussole ; derrière elle, une ancre armée de son câble. De l'autre main, elle soulève un voile épais et découvre le monde. En plaçant des étoiles sur le front de la figure, l'artiste a voulu rappeler les premiers navigateurs se guidant sur les astres, avant la découverte de la boussole.

Le *Commerce*, sous les traits d'un homme dans la fleur de l'âge et d'une grande beauté de formes, reconnaissable tout d'abord, au caducée qu'il porte dans la main droite, tient de la gauche une balance, heureux emprunt fait à la figure typique de la justice. Au bas de la figure principale sont groupées et se pressent quatre plus petites figures, rangées dans l'ordre suivant : l'Asie reconnaissable à son costume oriental, à droite l'Afrique nue et l'arc à la main, l'Amériqne armée d'un casse-tête, enfin l'Europe sous les traits d'un jeune homme vêtu à l'européenne, portant un livre, symbole ingénieux du savoir et de la puissance intellectuelle. La principale entrée de la Douane conduit à une grande cour octogone, ou l'on aperçoit un beau bas-relief de Coustou.

Docks.

De vastes magasins ou entrepôts-docks, destinés à recevoir des marchandises françaises et étrangères de toutes sortes, ont été établis à Saint-Sever, sur la rive gauche du fleuve ; ils sont en communication directe avec les chemins de fer de l'Ouest, du Nord et la navigation.

Lycée Corneille.

Le Lycée Corneille est situé rue de la République à droite en montant. Il a été fondé en partie par le cardinal de Joyeuse. Rien à signaler ici à l'attention du touriste, sinon la statue en plâtre de Pierre Corneille au milieu de la cour d'honneur. Cette statue peinte a été modelée sur l'original en bronze placé sur le pont de pierre et dû à David.

L'église du Lycée mérite particulièrement d'être citée. Son portail est sur la rue Bourg-l'Abbé ; il est orné à droite de la statue de Charlemagne et à gauche de la statue de saint Louis. A l'intérieur, remarquez quelques tableaux, et surtout le beau tombeau du cardinal de Joyeuse, dans une des chapelles de gauche.

Hospices.

Rouen possède deux hospices, l'un appelé *Hôtel-Dieu,* situé rue de Lecat ; l'autre *Hospice-Général,* situé rue Blanche. L'Hôtel-Dieu admet chaque année plus de 4,000 malades et 400 à 500 militaires ou marins.

L'Hospice-Géneral contient seize cents lits. Sa chapelle a été construite sur les dessins de Vauquelin, en 1786.

Asiles d'Aliénés.

Les asiles d'aliénés pour les hommes et pour les femmes sont situés à Quatre-Mares, au-delà de Saint-Sever; l'établissement des hommes fonctionne depuis plusieurs années. L'asile des femmes n'est pas encore complétement terminé. Ces deux vastes hospices sont distincts l'un de l'autre; cependant la buanderie, la vacherie, et certains services accessoires, ont été installés de façon à pouvoir être mis en commun. Le quartier des hommes occupe 40 hectares, celui des femmes est plus considérable encore; en effet, la population est plus nombreuse dans le second que dans le premier; les dernières moyennes donnent 900 hommes et plus de 1,100 femmes.

Les asiles de Quatre-Mares sont des établissements types, et les premiers de France; ils ont été bâtis sur les plans de M. Desmarest, architec'e. Ils peuvent contenir ensemble 2,200 individus.

L'ancien établissement de Saint-Yon (pour les femmes) était situé rue Saint-Julien.

Prisons.

La maison d'arrêt et de correction, est à Saint-Sever, dans le quartier Bonne-Nouvelle ; c'est un type de prison cellulaire.

Au Palais-de-Justice se trouve *la Conciergerie* où sont enfermés les accusés qui comparaissent devant les assises.

Casernes.

On compte à Rouen sept casernes : la *caserne Saint-Sever*, élevée sur l'emplacement de l'ancien grenier à sel, pouvant contenir 1,000 hommes d'infanterie ; la *caserne Martainville*, bâtie de 1776 à 1784, au pied de l'Aubette et devant le Champ-de-Mars, pouvant recevoir 750 hommes d'infanterie ; la *caserne* dite *du Champ-de-Mars*, où peuvent loger deux escadrons de cavalerie ; la *caserne Bicêtre* rue d'Amiens qui peut recevoir un bataillon d'infanterie ; la *caserne Saint-Vivien*, installée dans une ancienne filature, qui peut recevoir un bataillon d'infanterie ; la *caserne de la Madeleine*, au pied du Mont-aux-Malades, également organisée dans une fabriqne, et qui peut loger aussi un

Typ. A. Quantin.

HOTEL DU BOURGTHEROULDE.

bataillon d'infanterie ; la *caserne Bonne-Nouvelle*, pouvant loger 300 cavaliers, située faubourg Saint-Sever dans un ancien prieuré fondé par Guillaume le Conquérant et l'impératrice Mathilde. Une tradition que rien n'empêche d'adopter veut que cette dénomination lui ait été donnée par la princesse elle-même, qui se trouvait en cet endroit quand elle reçut la *bonne nouvelle* de la victoire d'Hastings. L'église dont on voit encore le portail fut bâtie en 1656.

ÉDIFICES REMARQUABLES.

Hôtel du Bourgtheroulde.

L'hôtel du Bourgtheroulde, situé place de la Pucelle, à l'angle de la rue du Panneret, est célèbre par ses fameux bas-reliefs du *Camp du drap d'or*. Si l'on voulait étudier avec soin les intéressants détails de ce monument, on ne pourrait laisser de côté les mémoires de Montfaucon, les travaux de Ducarel, Dibdin, Cotman et Turner, ceux de MM. de Jolimont, A. Le Prevost, Barrabé et

Eust. de la Quérière (1). L'hôtel, commencé par Guillaume Le Roux, seigneur du Bourgtheroulde, qui vivait en 1486, fut terminé dans la première moitié du XVIe siècle par Guillaume Le Roux, son fils, abbé d'Aumale et du Val-Richer.

Au-dessus des arcades de la galerie où l'entrevue des deux rois François Ier et Henri VIII est représentée, on aperçoit une autre série de sculptures, que l'on suppose être des compositions religieuses.

Des bas-reliefs plus ou moins endommagés, décorent la façade du logis principal, au fond de la cour ; à gauche, une élégante tourelle hexagone est ornée de sculptures représentant des scènes pastorales. L'intérieur de la tourelle, renferme, au premier étage, une petite pièce dont les boiseries et le plafond terminé en culs-de-lampe, méritent de fixer l'attention.

Les bas-reliefs du *Camp du drap d'or* son trop connus pour que nous jugions utile d'un donner une longue description, MM. Ch. Nodier, Taylor et Cailleux, ont introduit dans leur ouvrage de la *Normandie ancienne* des lithographies qui les

(1) *Description historique des maisons de Rouen*, par Eust. de la Quérière.

représentent : le Musée d'antiquités de Rouen conserve des platres moulés sur les originaux. Malgré les mutilations des sculptures du Bourgtheroulde, l'entrevue royale se retrouve à peu près en entier; des deux côtés la cavalcade est sortie d'une porte d'un château fort, aux fenêtres duquel on aperçoit de nobles dames : les deux rois sont montés, chacun sur un cheval d'Espagne caparaçonné de selles superbes et la tête garnie de panaches; François Ier est reconnaissable à la coupe de sa barbe et surtout aux fleurs de lys qui garnissent la housse de sa monture, Les deux rois sont accompagnés de « la « plus grande noblesse que l'on eut vu cent ans « auparavant estans en la fleur de leur âge et les « deux plus beaux princes du monde, et autant « adroits en toutes armes tant à pied qu'à che- « val (1) ». Dans le cortége du roi anglais on reconnaît à cheval et tenant une croix, le favori du roi d'Angleterre, le cardinal Wolsey.

Ces bas-reliefs donnent une idée des vêtements de fête du temps. « Je n'ay que faire de dire, « ajoute Fleuranges, la magnificience de leurs « accoustrements puisque leurs serviteurs en

(1) Fleuranges. — *Mémoires du temps.*

« avaient en si grande profusion qu'on nomme « ladite assemblée *le Camp du drap d'or.* »

Ancienne Abbaye de Saint-Amand.

Il est difficile de retrouver rue Saint-Amand, dans cet ensemble composite, formé de maisons modernes, de constructions postiches et de débris épargnés aussi bien par le temps que par l'incendie de 1876, la célèbre abbaye de Saint-Amand fondée en 1030, par la pieuse Aimeline, femme de Gosselin, vicomte d'Arques. Une maison en bois, du xve siècle, et un salon Louis XV, aux armes de Mme de Barentin, ont seuls échappé à l'insouciance et à la destruction.

Bureau des Finances.

Le bureau des finances est situé parvis Notre-Dame, palais de la Cour des Aides. L'hôtel est bâti en pierre de taille. Aux arabesques qui le décorent, aux ornemeuts dont il est chargé on reconnait facilement le passage du gothique à la renaissance.

Construit dans les dernières années de Louis XII

il porte encore l'écu de France avec des porcs-épis en supports; sous François Ier on ajouta des salamandres. L'hôtel a deux façades; la principale sur le parvis Notre-Dame, l'autre, sur la rue du Petit-Salut. Le genre de décoration est le même des deux côtés : ce sont des trumeaux revêtus de pilastres, chargés d'arabesques, de médaillons formés de couronnes, mais, dont les figures n'existent plus, des écussons également effacés; plusieurs niches surmontées de dais, etc.

Porte Guillaume-Lion.

Sur le quai de Paris, au-delà du Pont-de-Pierre, on aperçoit une porte monumentale, construite dans le style Louis XV. C'est le dernier vestige des portes de la ville. Les sculptures sont de Claude Leprince.

Maisons curieuses.

Ancien Hôtel-de-Ville, bâti sous Henry IV, à l'angle des rues de la Grosse-Horloge et Thouret.

Maison en bois du XVIe siècle, place Saint-André.

Maison en pierre, fin du XVIe siècle, rue aux Juifs, n°s 47 et 49.

Maison en pierre (1581), rue Percière, n° 11.

Maison en pierre du XVIe siècle, rue Bouvreuil, n° 4.

Maison en pierre (1580), rue Etoupée, n° 4.

Maison en pierre, du règne de Louis XIII, rue Saint-Patrice, n° 36.

Maison, rue des Carmes, n° 20, et rue des Quatre-Vents (ancienne chambre des comptes), construite dans le XVIe siècle. La façade rue des Carmes, est du commencement du XVIIIe.

Maison en bois, commencement du XVIe siècle, rue Damiette, n° 20.

Maisons en pierre, XVIe siècle, rue Eau-de-Robec, n°s 186, 221, 223.

Maisons en bois, XVe siècle, rue Malpalu, n°s 90 et 92.

Maisons en pierre (1632), rue du Bac, n°s 28 et 30.

Maison en bois du XVe siècle, dite de Caradas, rue de la Savonnerie, à l'angle de la rue de la Tuile.

Maisons où sont nés des hommes célèbres.

Maison ou plutôt emplacement de la maison

où est né, en 1606, Pierre Corneille, et en 1625, son frère Thomas, rue Pierre-Corneille, nº 4.

Fontenelle (1657), rue des Bons-Enfants, nºs 132 et 134.

Jouvenet (1644), rue aux Juifs, nº 11 (maison reconstruite en 1860).

Géricault (1791), rue de l'Avalasse, nº 13 A,

Boïeldieu (1775), rue aux Ours, nº 61.

Dulong (1785), chimiste et physicien, rue aux Ours, nº 46.

Edouard Adam (1768), chimiste, rue Eau-de-Robec, nº 222.

Armand Carrel (1800), rue Coignebert, nº 31.

PONTS.

Pont de Pierre et statue de P. Corneille.

Le pont de pierre, long de 266 mètres, enjambe la Seine, à la hauteur de la rue de la République, en s'appuyant sur l'île Lacroix : chacune de ses deux sections a trois arches. L'arche du milieu porte 31 mètres d'ouverture ; les arches latérales 26 mètres. La largeur du pont, entre les bahuts est de 13m,80. Il contient dans son épaisseur, d'une part, les conduites de gaz qui viennent, soit de l'établissement de l'île Lacroix, soit de celui des Emmurées ; d'autre part, les conduites d'eau qui descendant de la rue de la République vont alimenter le quartier Saint-Sever. La profondeur moyenne de la rivière, dans l'emplacement du pont, est de 10 mètres.

Il a été livré au public en 1829.

Au centre du terre-plein s'élève la statue en

bronze de Pierre Corneille; elle est posée sur un

piédestal en marbre de Carare, supporté par un premier socle en granit.

Cette statue à 3m,89 de haut, y compris la plinthe, et pèse 4540 kilogrammes. Elle a été fondue à Paris, par M. Honoré Gonon, d'après le modèle exécuté par David, et inaugurée le 19 octobre 1834, à la suite d'une souscription dont la Société libre d'Emulation avait pris l'initiative.

Pont Suspendu.

Le pont suspendu, long de 197 mètres et large de 7m,30, a deux travées égales : les deux piles du milieu, distantes l'une de l'autre de 15 mètres, sont réunies par des voussoirs en fonte, assis sur huit colonnes de même métal. Ces voussoirs ont été élevés à une hauteur suffisante, pour que des trois mâts puissent sûrement s'engager dans le passage. Cette précaution et l'idée du tablier mobile ne servent guères ; les navires mâtés ne dépassent jamais cette limite.

L'inauguration du pont a eu lieu le 31 août 1836, et comme cette entreprise avait été concédée à des particuliers pour quatre vingt dix-neuf ans, ceux-ci font payer une taxe de un centime par piéton. Du côté de Rouen, en sortant du pont, jetez un coup-d'œil à la maison élevée à Louis Brune, célèbre sauvetenr rouennais.

FONTAINES CURIEUSES.

Fontaine de Lisieux, rue de la Savonnerie. — Elle est ainsi nommée, parce que la maison contre laquelle elle est adossée appartenait à l'évêque de Lisieux. A l'extrémité supérieure de son masif pyramidal, est Apollon bizarrement vêtu et jouant de la harpe. Au-dessus du dieu des poëtes, est le cheval Pégase. Immédiatement après, on aperçoit une figure à trois têtes, dont nos manuscrits font une *Philosophie.* Les neuf muses sont distribuées dans le reste du groupe, au-dessous, de cette *Philosophie,* qui pourrait bien être une Hécate. Des rochers, des arbres, des gazons, des moutons, composant les accessoires de ce *Mont-Parnasse.* De la base au sommet serpente le *chemin glissant et pénible à tenir.* Tout mutilé qu'il est, ce monument est encore fort curieux. Sa construction remonte à 1518.

Fontaine de la Crosse, à l'angle des rues des

Carmes et de l'Hôpital. — Ce petit monument dans le genre gothique, de la fin du xve siècle, et restauré il y a peu d'années, est remarquable par la grâce et la légèreté des sculptures qui la décorent. Son nom lui vient de ce qu'elle est située au coin de la maison où pendait pour enseigne la crosse des religieux de Notre-Dame de l'Isle-Dieu.

Fontaine de la Grosse-Horloge, à l'angle des rues des Vergetiers et de la Grande-Rue. — Elle a été érigée en 1731 par Jean-Pierre de France, architecte-sculpteur. Elle représente les figures d'Alphée et d'Aréthuse, accompagnés d'enfants, de rocailles et de roseaux. L'inscription qui l'accompagne rappelle le règne de Louis XV et le nom de François-Frédéric Montmorency, duc de Luxembourg, gouverneur de la ville de Rouen et de la province de Normandie.

Fontaine de la Croix-de-Pierre, carrefour Saint-Vivien. — Cette fontaine entièrement neuve, présente trois étages en forme de pyramide, et est ornée de quelques statues; son aspect est fort gracieux. On peut encore se faire une idée du monument que cette fontaine nouvelle a remplacé, en visitant le jardin Sainte-Marie. L'ancienne fontaine de la Croix-de-Pierre y a été en effet transportée en 1871.

Fontaine de Saint-Maclou, à l'angle nord de l'église. — Cette fontaine très-dégradée se devine plutôt qu'elle ne se voit. Elle était remarquable par l'attitude de deux beaux enfants sculptés, par Jean Goujon et qui rappelaient un peu la situation du Mannekepisse à Bruxelles.

Fontaine de la Pucelle, place de ce nom. — Erigé de 1754 à 1755, composé dans le style de l'époque

par Alexandre Dubois, architecte du roi, ce monument fait vivement regretter la jolie fontaine triangulaire qui fut élevée environ un siècle après l'exécution de l'immortelle jeune fille de Vaucouleurs. Il a été démontré d'ailleurs que la Pucelle ne fut pas brûlée à cet endroit. On pense que le supplice a eu lieu place du Vieux-Marché, à peu près devant le Théâtre-Français.

Fontaine du Marché-Neuf, place Verdrel, monument en pierre du XVIIIe siècle, et de forme pyramidale. — L'obélisque est supporté par un dé aux angles duquel sont quatre aigles aux ailes déployées.

Fontaine de l'abbé de La Salle, sur la place Saint-Sever. — Cette belle fontaine a été élevée en 1875 à la mémoire de l'abbé de La Salle, fondateur des écoles des frères de la doctrine chrétienne. MM. de Perthes et Legrain se sont chargés de la partie architecturale et décorative du monument. Le groupe charmant qui le surmonte est de M. Falguière. Il représente le savant et bon frère instruisant des enfants dont l'un debout tourne les yeux vers son maître, dont l'autre assis paraît plongé dans une lecture attentive.

Fontaine Sainte-Marie. — Le monument en construction au haut de la rue de la République, sera très important. Il est commencé sur le réservoir qui contient les eaux de la ville. De beaux groupes sculptés par M. Falguière accompagneront un ensemble principal sous les pieds duquel sortiront en cascade les ondes bouillonnantes.

PLACES ET MARCHÉS.

Place de la Pucelle. —(Voir les explications données plus haut à propos de la fontaine de la Pucelle).

Vieux-Marché. —Le nom de ce marché indique assez qu'il est le plus ancien de Rouen; c'est aussi le plus considérable.

Son étendue primitive était beaucoup plus vaste qu'aujourd'hui puisqu'il occupait, au XVe siècle, tout l'espace compris entre la rue du Vieux-Palais, l'église Saint-Eloi et l'église Saint-Michel, dont on voyait encore les restes il y a quelques années à l'encoignure de la Grande-Rue.

Les galeries couvertes, où se tenaient autrefois les marchandes de poisson et de légumes, ont été remplacées par deux vastes halles construites en 1867 et 1868.

En même temps des expropriations importantes permirent d'agrandir la place et de donner à ce quartier populeux l'air et le soleil qui lui manquaient.

Marché neuf (place Verdrel).—Rien d'important a signaler à propos de ce marché où se vendent surtout les fruits, les œufs, les volailles et les fromages.

Place de la Halle et *Basse-Vieille-Tour* (voyez l'article Halles, p. 59).

Clos Saint-Marc, situé à l'extrémité de la rue d'Amiens. Ce vaste marché est installé sur une partie des terrains qu'occupait l'ancien jardin des Plantes; comme sur la place de la Haute-Vieille-Tour, on y vend principalement du vieux linge et de vieux meubles, des marchandises d'occasion et de toutes sortes, de la poterie, de la verrerie, etc.

Place des Carmes.—C'est aujourd'hui le marché aux fleurs et aux graines; il se tient régulièrement le dimanche et le vendredi.

Cette place a succédé en partie à l'ancien couvent des Carmes, dont elle a retenu le nom aussi bien que la rue voisine.

La Rouge-Mare.—La Rouge-Mare rappelle un

vieux et sinistre souvenir. L'an 949, Othon empereur d'Allemagne, Louis IV roi de France, et Arnould comte de Flandre, mettent le siège devant Rouen. Notre duc Richard Ier, surnommé Sans-Peur, sort par la porte Beauvoisine, tombe sur les ennemis, et fait un carnage effroyable de leurs soldats. Cette action eut lieu en partie à l'endroit que nous appelons aujourd'hui la *Rouge-Mare,* à cause du sang dont elle fut inondée. La Rouge-Mare est maintenant le marché au beurre. Une école d'enseignement mutuel occupe, depuis quelques années, l'église et une partie des bâtiments de l'ancien monastère des Béguines, qu'on remarque sur cette place.

Le Boulingrin. — Le Boule-Verd était un tapis de gazon où l'on jouait à *la boule.* De ce nom Boule-verd les Anglais ont fait leur *Bouling-Green,* et nous : *Boulingrin.* Cette place qui se trouve au point de jonction des deux rampes Beauvoisine et Saint-Hilaire est un vaste carré jadis entouré de beaux marronniers.

Champ-de-Mars (voyez caserne Martainville, page 66).

Le marché aux bestiaux, place des Emmurées,

faubourg Saint-Sever, se tient le mardi et le vendredi de chaque semaine.

BIBLIOTHÈQUES ET MUSÉES.

Bibliothèque publique, à l'Hôtel-de-Ville, deuxième étage.—La bibliothèque publique de Rouen, une des plus riches de France après celles de Paris, contient près de 130,000 volumes, y compris les collections : Le Ber, Coquebert de Monbret et Desbois. Elle est ouverte aux lecteurs tous les jours, excepté le dimanche, depuis onze heures du matin jusqu'à cinq heures et le soir de sept heures à dix heures. Les salles peuvent être visitées tous les jours de midi à 4 heures.

Les manuscrits sont au nombre de plus de quinze cents, y compris ceux qui ont été légués par M. le marquis de Martainville. Plusieurs d'entre eux sont fort rares et très-curieux, soit par leur ancienneté, soit par les miniatures dont ils sont ornés, soit enfin par les renseignements qu'on y trouve. Nous citerons particulièrement le *Graduel de Daniel d'Aubonne,* mort en 1714; le *missel de Robert Champpart,* archevêque de Londres et de Cantorbéry, apporté d'Angleterre, vers l'an 1050, ainsi que le *Bénédictionnaire* de la même époque, qui servait au couronnement des rois anglo-saxons; *la relation de l'entrée de Henri II à Rouen*, en 1550, ornée d'une suite de peintures extrêmement précieuses. Les imprimés avant 1500 sont au nombre de trois cent ciquante dont deux cent quarante avec date; le plus ancien est de 1468 (1).

La Bibliothèque de Rouen possède, en outre, une quantité considérable d'excellents recueils, des œuvres de la plus haute valeur, des éditions de la plus grande rareté. La précieuse collection de M. Le Ber, dont le catalogue forme 4 vol. in-8o. est maintenant réunie à la Bibliothèque de la ville, dans une salle particulière. La bibliothèque Coquebert de Montbret, en partie, occupe sur le même palier, l'ancienne salle de l'Académie. L'autre partie est déposée jusqu'à nouvel ordre dans les combles de l'Hôtel-de-Ville.

La Bibliothèque renferme, en outre, un magnifique vase de Sèvres dans le style mauresque, une statue de Voltaire, d'après Houdon, modelée avec toile et carton, divers objets chinois offerts par l'amiral Cécile. un modèle de l'église de Saint-

(1) Voir *Catalogue des manuscrits normands*, par Ed. Frère.

Ouen, en carton pâte, des collections de médailles, de sceaux, de gravures, etc. (1).

Musée, à l'Hôtel-de-Ville, deuxième étage, — Cette intéressante galerie se compose de plus de cinq cents tableaux, dont trois cents seulement environ pouvaient trouver place dans les locaux actuellement occupés. Le nouveau Musée situé rue Thiers, à la construction duquel nous avons déjà fait allusion, apportera très-prochainement un remède efficace à cet état de choses regrettable.

Parmi les toiles les plus remarquables, nous devons citer : Dans les Ecoles italienne et espagnole : *Une Vierge au milieu des Anges*, dite la *Vierge de saint Sixte*, attribuée à Raphaël, et sur l'authenticité de laquelle de vives controverses

---

(1) Indépendamment des nombreux manuscrits de la Bibliothèque publique, la ville de Rouen possède (à la mairie) des archives municipales, et (hôtel de la Préfecture) des archives départementales, riches dépôts où l'on peut puiser des documents sur l'histoire civile et religieuse, tant de la ville de Rouen, que des divers points du département de la Seine-Inférieure. Sur les livres et manuscrits concernant l'histoire de la Normandie, consulter le *Manuel du Bibliographe normand*, par Ed. Frère, 1858-60. 2 vol. in-8.

existent encore aujourd'hui. Certains artistes prétendent qu'elle n'est qu'une excellente copie exécutée au XVIIe siècle, pour l'ancienne abbaye de saint Amand d'où elle provient.

Trois petits tableaux formant suite, que le catalogue du Musée a également attribué jadis au grand peintre, mais qui sont incontestablement du Pérugin :

Le saint Barnabé guérissant les malades, de Paul Véronèse.

Le saint François d'Assise en extase, d'Annibal Carrache.

La Visitation, du Guerchin.

La partie de cartes, de Tiépolo.

La Caravane, de Castiglione.

Le bon Samaritain, et le *Christophe Colomb*, de Ribéra.

Dans les Ecoles flamande et hollandaise :

La sainte Vierge au milieu d'une réunion de Saintes, attribuée successivement à Van Eyck et Hemlinck, et qui, on l'a récemment démontré, est l'œuvre d'un peintre inconnu jusqu'alors, Gérard David, dont ce tableau suffirait à illustrer le nom (1).

---

(1) Voir *Gazette des Beaux-Arts*, année 1866.

L'adoration des Bergers, de Rubens, ou d'un de ses meilleurs élèves.

L'intérieur d'estaminet, de Jean Duck.

La leçon de musique, attribuée à Frans Hals.

La chasse au sanglier, de Sneyders.

Le Paysage, de Huysmans.

Dans l'Ecole française :

Deux toiles des deux plus grands maîtres de cette école, acquises depuis peu : *Vénus apparaissant à Enée,* par Nicolas Poussin et *une scène du songe de Poliphile* (1), par Eustache Lesueur.

La conversion de saint Mathieu, par Valentin, tableau capital du maître.

La mort de saint François, par Jouvenet. — *Les douze Apôtres,* esquisses de la coupole des invalides, et le *portrait* de l'auteur par le même maître.

Un Ecce homo, de Mignard.

Une descente de croix, de Lahire.

La peste de Milan, par Lemonnier de Rouen.

Une nature morte, de Chardin.

Deux chasses, de Desportes et d'Oudry.

Et dans l'Ecole moderne :

---

(1) Le songe de Poliphile est le titre d'un roman célèbre du XVIe siècle.

Les trois *Etudes* de Géricault.

La maîtresse d'école, de Charlet.

Le Marengo, d'Hippolyte Bellengé.

Le Boissy d'Anglas et plusieurs portraits de Court.

La Justice de Trajan, d'Eugène Delacroix, qui ferait à elle seule la gloire d'un musée.

Enfin, diverses toiles d'Ingres, de Troyon, de Chaplin, de Hillemacher, de Joseph Stevens, de Pallizzi, et beaucoup d'autres qu'il serait trop long de citer.

Il y a tous les deux ans une exposition des Beaux-Arts, dont la majeure partie appartient à des artistes normands. L'administration a adopté depuis plusieurs années, sur l'initiative de l'intelligent conservateur M. Gustave Morin, l'excellent parti d'acquérir pour le Musée quelques-uns des meilleurs tableaux exposés, ce qui lui a valu déjà des œuvres de Daubigny, Ziem, Corot, Ribot, et de plusieurs autres peintres distingués. Si l'on eût procédé de même depuis l'inauguration de ces expositions, en 1833, la ville de Rouen posséderait aujourd'hui, une collection de toiles modernes qui n'aurait pas de rivale en province.

Le Musée est ouvert au public tous les jours, sauf le lundi, de midi à cinq heures, du 1er avril au 30 septembre, et seulement jusqu'à quatre heures le surplus de l'année. Les artistes sont admis à travailler les mêmes jours, excepté les dimanches et fêtes, depuis neuf heures du matin.

Musée départemental d'antiquités à Sainte-Marie — Ce Musée, fondé en 1833 par le conseil général du département, sur la proposition de M. Dupont-Delporte, préfet, a été livré au public en 1834. Il occupe trois des galeries du cloître de l'ancien couvent de Sainte-Marie. Dans la première galerie sont placées les antiquites gauloises, romaines, gallo-romaines, et celles du moyen âge ; dans la deuxième, en retour d'équerre, les objets d'art de l'époque dite de la Renaissance. Ce Musée renferme des statues, des bustes, des bas-reliefs, des fragments d'architecture, des sarcorphages, des urnes en marbre et en pierre, des vases en bronze, en verre et en terre cuite, des vitraux peints, des armes, des meubles, des ustensiles et ornements divers de différentes époques.

L'énumération suivante donne une idée de ses richesses : La porte de la maison de Corneille ; quelques tombeaux romains et gallo-romains, trouvés à Rouen et dans diverses parties du département de la Seine-Inférieure ; mosaique gallo-romaine, découverte en 1838 dans la forêt de Brotonne (Seine-Inférieure), restituée et complétée en 1861, par les soins de M. A. Pottier; des inscriptions, des statues provenant de fouilles faites à Lillebonne; une foule d'objets d'arts et d'antiquités du moyen âge et de la Renaissance; la châsse de Saint-Sever, qui jadis renfermait les reliques de ce saint, et dont la forme rappelle celle d'une chapelle gothique de la fin du XIIe siècle (elle est en bois de chêne, revêtu de lames de cuivre dorées et argentées; sur les quatre faces sont placées des figures d'évêques, celle de saint Sever, dorée, occupe le faîte central de la châsse); plusieurs spécimens de sculpture en pierre et en bois, aux XVe XVI et XVIIe siècles; une collection considérable de médailles romaines et gauloises, de sceaux et d'anciennes monnaies françaises et normandes; les plâtres des cinq bas-reliefs de l'hôtel du Bourgtheroulde, représentant l'entrevue de Henri VIII, et de François Ier au *Camp du drap d'or*; d'anciennes armes et armures, parmi lesquelles se trouve la cotte de mailles d'Enguerrand de Marigny, provenant de la collégiale d'Ecouis, et enfin, d'anciens meubles, tels qu'armoires, buffets, coffres, bahuts en ébène ou en chêne.

Les fenêtres des galeries, au nombre de quinze, sont remplies de vitraux peints, présentant les progrès de ce genre d'ornementation, depuis le XIIIe siècle jusqu'au XVIIe. Les plus remarquables sont ceux qui proviennent de l'église de Saint-Eloi (aujourd'hui, à l'usage du culte protestant), et qui représentent l'histoire du Juif et de l'Hostie, autrement dite du miracle des Billettes. Dans des cadres appliqués contre la muraille sont suspendus des chartes et d'anciens titres normands, portant la signature de personnages célèbres. On distingue parmi ces signatures celle de Guillaume-le-Conquérant (une simple croix) et celle de plusieurs autres ducs de Normandie.

Le Musée est ouvert au public les jeudis, dimanches et fêtes, de onze heures à quatre heures; aux artistes et aux étrangers, tous les jours aux mêmes heures.

Musée céramique, à Sainte-Marie.—Le Musée municipal de céramique rouennaise, annexé au Musée départemental d'antiquités, occupe une des galeries du cloître de Sainte-Marie. Il a été fondé en 1864, sur la proposition d'un comité d'amateurs, qui offrit, pour couvrir les frais d'installation, le produit d'une exposition d'objets d'art, faite à

Rouen, avec un grand succès, en 1861, Le fond de ce riche ensemble des productions de la céramique rouennaise aux XVIIe et XVIIIe siècles, composé d'abord pour la collection de M. A. Pottier, petit-fils d'un des anciens fabricants de faïence, puis par un don, fait à la ville en 1868, s'élève à quatorze cents pièces environ.

Le but qu'on s'est proposé, dans la disposition qu'on lui a donnée, est de représenter les phases successives de cette belle industrie, depuis ses premiers commencements comme industrie manufacturière et commerciale, jusqu'à son extinction totale, et d'en montrer, par des groupes parfaitement déterminés, la double période de splendeur et de décadence (1).

A ce riche ensemble de faïences rouennaises, on a joint les produits des fabriques françaises ou étrangères qui rivalisèrent avec Rouen dans l'industrie de la faïence. Les groupes sont nombreux, et en général, des inscriptions servent à les distinguer.

La Hollande, par son importance occupe le

---

(1) Voyez : *Histoire de la faïence de Rouen*, ouvrage posthume de M. A. Pottier, publié par les soins de MM. l'abbée Colas, Gustave Gouellain et Raymond Bordeaux ; Rouen, A. Le Brument, 1869, in-4° planches coloriées.

premier rang; c'est à sa fabrication qu'il faut très-probablement rapporter un précieux violon, chef-d'œuvre de cette industrie, pour la correction de sa forme et la richesse de son ornementation; puis viennent Nevers, Strasbourg, les bords du Rhin, Moustiers, l'Angleterre, etc.

Le Musée de céramique est visible les mêmes jours et aux mêmes heures que le Musée d'antiquités.

Muséum d'histoire naturelle, à Sainte-Marie. — Fondé en 1827, rendu public en 1832, le Muséum d'histoire naturelle doit à M. Pouchet sa réputation et sa prospérité. Il n'était que juste par conséquent de placer à la porte de ces galeries, un monument qui rappelât le souvenir de ce naturaliste éminent.

Le Muséum est remarquable par une belle salle anatomique et ostéologique, par ses nombreuses coquilles, par une riche collection d'oiseaux d'Europe et d'oiseaux mouches, et par quelques mammifères d'une grande rareté.

Il forme trois longues galeries, et est ouvert au public tous les jours, excepté le samedi, de midi à cinq heures, du 1er avril au 30 septembre et de midi à quatre heures, du 1er octobre au 31 mars. Aux étrangers et aux étudiants, les mêmes jours à partir de dix heures.

JARDINS PUBLICS,
SQUARES, PROMENADES DE LA VILLE.

Le square Solférino est situé à la rencontre de la rue Jeanne-Darc et de la rue Thiers ; habilement dessiné par M. Baucantin, il est parfaitement entretenu. Le jeudi et le dimanche, la musique militaire y donne des concerts.

Le jardin de Saint-Ouen, a été modifié il y a quelques années : on y trouve un curieux cadran solaire, quelques statues d'un mérite très-contestable, de très-beaux orangers, et une belle allée de maronniers.

Le jardin du pré Thuileau, près de la gare du Nord, est une création nouvelle, il est bordé à l'est par la splendide avenue de platanes du boulevard Martainville, et par la petite rivière de l'Aubette.

Le Jardin des Plantes, à Trianon, commune de Sotteville, est à l'extrémité sud de la ville. Ses serres renferment de belles plantes, et des ombrages touffus abritent de la chaleur pendant les journées d'été.

Les Boulevards et la tour Jeanne-Darc. — Les boulevards ont été dessinés par M. de Crosne, sur l'emplacement des fossés de la ville. Du boulevard Jeanne-Darc on aperçoit l'emplacement du château-

Tour Jeanne-Darc avant sa restauration.

fort, bâti au XIIIe siècle par Philippe Auguste, et qui consistait en sept tours de différentes grosseurs, reliées ensemble par des remparts. On voit encore l'une d'elles où l'on suppose que la Pucelle d'Orléans a été enfermée pendant qu'on instruisait son procès. Nous donnons le croquis de cette tour qu'on désigne sous le nom du Donjon.

La petite Provence, est une des promenades les plus fréquentées de Rouen. On y entend la musique de la garnison, le jeudi et le dimanche. Une statue de Boieldieu a été érigée à l'une de ses extrémités en 1839.

Le cours la Reine était autrefois le Longchamps des rouennais ; aujourd'hui, personne n'y va plus, mais il n'en reste pas moins une admirable avenue; on y jouit de la fraîcheur de la Seine, et de la beauté des horizons qui s'y développent.

PROMENADES HORS LA VILLE.

Bonsecours.

Quand on a visité en détail comme nous venons de le faire, les monuments, les églises, les places de Rouen, la première excursion qu'entreprennent ordinairement les touristes, est celle de Bonsecours. Du quai, on peut se rendre compte du double plaisir que procurera cette promenade . une vue superbe et une église charmante.

Il y a plusieurs manières de gagner Bonsecours ou pour parler plus exactement Blosseville-Bonsecours :

La première consiste à prendre sur la place des Arts, à Ronen, l'omnibus du Mesnil, qui passe par Bonsecours; la seconde à monter à pied par des chemins plus courts mais moins praticables. Nous préférons de beaucoup cette dernière méthode qui permet d'étudier plus à son aise et en choisissant ses endroits.

Ceux qui penseront comme nous iront par la route nouvelle qui commence rue Préfontaine, à la hauteur de la gare du Nord et au-dessous du cimetière du Mont-Gargan. Un raccourci destiné seulement aux intrépides, permet d'escalader presque à pic la côte Sainte-Catherine en prenant par le Champ-de-Mars, la rue du Chemin-Neuf (derrière la caserne de cavalerie) la rue du Mont-Gargan et une petite sente pittoresque cent mètres plus loin.

De la côte Sainte-Catherine on embrasse le splendide panorama que nous avons cherché à esquisser au commencement du Guide. Sur le plateau, à peine retrouve-t-on les vestiges épars d'un château considérable et de l'abbaye de Sainte Trinité-du-Mont (1). Les fossés et les assises des murs sont cependant encore très-reconnaissables.

De la côte Sainte-Catherine à l'église de Bonse-

---

(1) *Essai sur l'histoire de la côte Sainte-Catherine et des fortifications de la ville de Rouen*, par L. de Duranville, 1857, in-8, planches.

cours dont le clocher domine les environs, il y a dix minutes de marche à peine.

Bonsecours est plus qu'une chapelle de pèlerinages, c'est l'église paroissiale de la commune.— Bâtie par M. Barthélemy, dans le style ogival du XIIIe siècle, grâces aux ressources pécuniaires amassées avec une ardeur d'apôtre par M. l'abbé Godefroy, elle a acquis une véritable célébrité, aussi bien à cause des proportions charmantes de sa silhouette que des décorations et des peintures répandues à profusion dans l'intérieur.

Ce monument réellement remarquable, se compose d'un chœur terminé en abside à pans, un peu dans le genre simple et pur de la *Sainte Chapelle* de Paris, mais avec des bas côtés.

Le portail large de 21[m],60 offre trois entrées décorées de sculptures.

Au tympan de la partie centrale, deux sections renferment les bas-reliefs suivants :

1° Une foule de malheureux accablés d'infirmités corporelles et morales, venant implorer la sainte Vierge; digne inscription pour un temple dédié à Notre-Dame de Bonsecours;

2° Marie, tenant l'enfant Jésus que deux anges agenouillés encensent. Les cordons des voussures sont peuplés d'anges, d'apôtres et de prophètes.

Sur le tympan de la porte à gauche est placée

sainte Anne, enseignant à lire à la jeune Marie; sur celui de la porte à droite, Marie honorée par l'enfant Jésus et Saint-Joseph. Ces diverses sculptures ont été confiées à l'habile ciseau de M. Duseigneur.

Une tour de forme pyramidale, accompagnée de deux campanilles et de clochetons, occupe le centre du portail.

La pyramide a 50 mètres de haut à partir du sol. La longueur de l'église est de 44 mètres, et la largeur de 17 mètres. Les grandes fenêtres de l'abside et celles du chœur sont ornées de vitraux fabriqués à Choisy-le-Roi. Nous n'entreprendrons pas la description détaillée de ces nombreuses verrières (1).

Les fenêtres du bas côté nord représentent des sujets qui forment l'histoire ininterrompue de l'ancien testament, jusqu'à Josué. Les episodes principaux du nouveau testament sont reproduits dans les verrières du bas côté sud.

La voûte est supportée par vingt colonnes formées d'un faisceau de colonnettes, peintes et dorées. Dans chaque travée et au-dessus des ogives, des fresques représentent des figures d'anges.

---

(1) *L'église de Bonsecours*, brochure par M. l'abbé Godefroy, 1847.

Parmi les richesses de Bonsecours il faut citer dans le chœur : les stalles, les mosaïques, les grilles, le magnifique maître-autel; dans la nef : les lustres, les statues, les bas-reliefs peints, la chaire dans le style du XIIIe siècle, avec figures sculptées par M. Fulconis; dans les bas côtés, les chapelles garnies d'ex-voto, les autels et spécialement l'autel de la Vierge avec la petite statuette décorée qui est l'objet d'une dévotion spéciale.

Enfin nous ne saurions trop recommander les orgues construits par M. Cavaillé-Coll. Elles sont extrêmement belles, les jeux puissants, les jeux doux les voix humaines et célestes, ont été l'objet de soins spéciaux. Les orgues de Bonsecours sont citées parmi les meilleures de France.

En sortant de l'église, allez jusqu'au cimetière, où l'on vient d'élever une croix monumentale dont les bras sont tournés vers la ville, comme pour la bénir.

Là encore, jetez les yeux sur l'immense horizon qui vous entoure. A l'extrême gauche Saint-Adrien et les Authieux, au-delà la forêt de Pont-de-l'Arche, puis (de droite à gauche), Elbeuf, la forêt de La Londe, la Bouille, Dieppedalle, Canteleu, la forêt de Roumare et enfin Rouen.

Pour redescendre, prenez soit l'ancienne côte,

que suivent les omnibus, soit la nouvelle dont les lacets enveloppent les moindres mouvements de la colline de Bonsecours. On peut gagner le point de départ de ce chemin, en remontant au-delà de Bonsecours par la grande route du Mesnil.

Darnétal. — Longpaon. — La tour de Carville.

Des omnibus partant de la place Notre-Dame ou les trains du chemin de fer d'Amiens conduisent a Darnétal. Toute la vallée, à partir du boulevard Martainville, est occupé par des établissements industriels. De ce côté, rien de bien spécial à signaler, si ce n'est le grand viaduc qui enjambe par-dessus les maisons et les rues de Darnétal, l'église de Longpaon et la tour de Carville.

L'Eglise de Longpaon est un monument du XVIe siècle restauré il y a quelques années. Malgré les mutilations des portails latéraux, on peut retrouver encore la trace de sculptures d'une grande richesse. La tour a été inachevée; elle porte sur ses deux faces des armes parlantes : un paon qui fait la roue, précédé du mot « long. »

La Tour de Carville a, dit-on, été choisie par

Henri IV, pendant un des siéges de Rouen, pour servir de poste d'observation. Elle se termine par une plate-forme couronnée d'une balustrade et ornée de pinacles, elle est percée de grandes baies décorées de crochets sculptés.

A Darnétal, la vallée se bifurque ; à gauche le *Vallon de Préaux* s'élève au Nord en suivant la ligne du *railway* : c'est une promenade charmante et qui conduit aux sources des eaux de la ville. A droite le vallon de *Saint-Aubin-Epinay* présente aussi quelques aspects pittoresques.

Boisguillaume.

N.-D.-des-Anges. — Le Cimetière monumental. L'Institution Join-Lambert.

La commune du Boisguillaume est au Nord de Rouen. Des omnibus y conduisent par la grande route dite de Neufchâtel. On peut y monter à pied par la rue Bihorel qui traverse le nouveau quartier Jeanne-Darc et qui aboutit à Notre-Dame-des-Anges.

Notre-Dame-des Anges est une église nouvelle dont le clocher n'est pas entièrement terminé. Elle est bâtie dans le style du XIIIe siècle, en briques et pierres ; d'assez jolis vitraux garnissent les fenêtres à lancettes.

Le Cimetière Monumental, à l'Ouest, est à deux cents mètres de là. Les tombeaux de Boieldieu, de E.-H. Langlois, de Court, de l'amiral Cécile, sont les monuments les plus remarquables de cette vaste enceinte. Les murs sont bordés à l'extérieur de nombreux sapins, qui ont fini par donner leur nom à la côte sur laquelle ils ont été plantés. Inutile de dire que du haut de cette colline la vue est splendide. Il en est de même sur tout le parcours de la grande route nationale par laquelle montent les voitures.

Sur le plateau du Boisguillaume, vous apercevez un vaste établissement d'un aspect assez architectural; c'est un pensionnat fondé par M. Join-Lambert et dirigé par M. Flavigny. Une jolie chapelle du XIIIe siècle a été commencée dans la grande cour entourée d'un parc et de promenades ombragées. Plus à droite se trouve l'église paroissiale du Boisguillaume ; elle a été refaite entièrement, il y a quelques années, par les soins de M. Desmarest. Les autels en pierre, les vitraux du chœur, les peintures qui la décorent font sortir ce monument de la catégorie des églises de village.

Pour redescendre à Rouen, vous pouvez suivre deux routes : la première passe devant le *Mont Fortin* dont le promontoire de verdure s'avance sur la droite, en regardant la ville ; la seconde descend immédiatement dans les fonds par la *Sente Pissot* et suit docilement les rubans d'un charmant vallon qui aboutit à la gare de la rue Verte.

Le mont Renard. — Les Cotes. — Mont Saint-Aignan. — Mont-aux-Malades.

Pour faire cette excursion on peut suivre l'itinéraire suivant : prendre la rue Verte, tourner à gauche à la barrière, puis monter toujours en passant au pied du *Mont Renard* et en s'arrêtant aux *Cotes*, petit hameau situé au haut du plateau.

En s'engageant dans la route de grande communication qui se dirige vers l'Ouest on arrive, après avoir longé des sites sauvages et pittoresques, a l'*église de Saint-Aignan*, dont la tour du XIVe siècle est encore conservée. En revenant vers Rouen par *le Tronquay*, on laisse à gauche le petit Séminaire du *Mont-aux-Malades*, et l'on s'arrête à l'église de ce nom.

Cette charmante église romane est composée

d'une nef et de deux bas côtés : les fenêtres de ces bas côtés sont du XVIe siècle et ont été garnies de vitraux modernes.

La grande fenêtre du chœur est également décorée d'une verrière importante ; dans les chapelles des bas côtés, n'oubliez pas de curieuses pierres tombales, entre autres une pierre du XIIIe siècle représentant une dame au temps de Saint-Louis, revêtue de la *cotte hardie*.

Le buffet d'orgues provient de l'ancienne église de Montivilliers. A cinquante mètres de là se retrouvent les débris d'une seconde église, également romane, et dont le souvenir se lie à l'histoire des ducs de Normandie (1).

Avant de redescendre par la côte Saint-Gervais, par la côte Saint-Maur, ou par la nouvelle côte dessinée sur le versant Nord, gardez-vous d'oublier sur le bord du versant méridional un des plus beaux aspects d'ensemble de la ville.

---

(1) Sur le prieuré du Mont-aux-Malades, fondé en 1175, par Henri Plantagenet, voyez l'interressant ouvrage de M. l'abbé Langlois. Il y avait autrefois dans cette commune une léproserie, d'où le nom de Mont-aux-Malades.

Déville. — Maromme. — La Forêt Verte. Isneauville.

La jolie promenade que nous proposons au touriste exige une marche à pied de deux heures à peine.

Au Pont-de-Pierre vous prenez les tramways qui vous font passer successivement par les quais et par l'*Avenue du Mont-Riboudet*, d'où vous lorgnez à droite les coteaux du ***Mont-aux-Malades***, le ***Petit Château*** et le talus du chemin de fer de l'Ouest ; vous vous engagez ensuite sur la route du Havre, en laissant ***Bapeaume*** à votre gauche, vous traversez ***Déville*** et ***Maromme***, où ronflent les voix des usines, des manufactures, des fabriques de produits chimiques, des blanchisseries, etc. Au rond point de Maromme vous descendez de tramway, vous visitez l'église nouvellement bâtie dans le style du XIIIe siècle, puis prenant à droite, et passant sous la voûte du chemin de fer, vous entrez dans la petite commune de Notre-Dame-de-Bondeville, où vous demandez le chemin des ***Longs-Vallons***. Cette route pittoresque vous fait traverser dans le sens de la longueur toute la ***Forêt Verte*** plantée de chênes, d'ormes, de hêtres superbes, et vous mène jusque devant la porte de l'église d'*Isneauville*, où quelques vitraux anciens méritent l'attention. Vous redescendez à Rouen par l'omnibus que vous prenez aux premières maisons du Boisguillaume.

Bapeaume. — Montigny. — Forêt de Roumare. Saint-Georges-de-Boscherville. — Canteleu.

Il est difficile de faire agréablement toute cette promenade en voiture, mais on peut la restreindre à Canteleu et Saint-Georges, et alors on n'abandonne plus un seul instant les grandes routes. Pour rendre l'excursion plus piquante, nous recommandons d'en agrandir les limites de la façon suivante :

Tramway jusqu'a la barrière du Havre, traverser la *Vallée de Bapeaume* par la chaussée en talus et par le pont qui enjambe la rivière de *Cailly*, prendre à droite, au pied de la côte de Canteleu, et, suivre la vallée de Bapeaume, en jetant un petit coup d'œil à la nouvelle église en briques récemment construite à quelques mètres de là, continuer jusqu'à la première route sur la gauche. Ce chemin conduit à *Montigny*, délicieux petit village en forêt où se trouve un chateau Louis XIII assez curieux.

De Montigny vous gagnez par un chemin de bois l'église *de Saint-Georges-de-Boscherville*, dont le haut clocher s'aperçoit de loin. Cette église est un des monuments les plus anciens et les mieux conservés de la Normandie ; malheureusement, à l'intérieur, on vient de badigeonner les murs d'une couche de peinture à la colle qui donne à l'ensemble un aspect froid et vulgaire des plus regrettables. Elle fut fondée par Raoul de Tancarville, chambellan de Guillaume-le-Batard, quelques années avant la conquête, et consacrée en présence du fondateur. Son architecture est du XIe siècle, les proportions de son plan sont vastes et parfaitement entendues. Le portail occidental se compose d'une porte circulaire ornée de moulures en zizgazs et becs d'oiseau, laquelle est surmontée de deux rangs de fenêtres à plein-cintre, de chaque côté s'élève une tour carrée surmontée d'une campanille, dans les fenêtres de laquelle on remarque l'arcade pointue dans sa naissance. Mais à l'exception de cette partie, tout le reste est roman. L'église a 66^{m},90 de long sur 19^{m},40 de large ; elle est composée de trois nefs parallèles de la même longueur et de deux petites plus courtes occupant les deux extrémités du transept.

Il est à remarquer que la nef du milieu et les deux nefs inférieures se terminent seules en absides semi-circulaires; les deux nefs intermédiaires finissent extérieurement par une muraille plate formant angle droit avec leurs côtés, et intérieurement par un quart de cercle fait aux dépens de cette même muraille. Les absides des deux petites nefs ne vont que jusqu'à la moitié de la hauteur de l'édifice. A partir de cette limite, il est séparé en deux étages par de lourdes colonnes. On serait porté à trouver dans cette disposition quelque ressemblance avec la cathédrale de Winchester.

La salle capitulaire qui tient à l'église, date de 1157 ; son architecture se ressent visiblement de l'époque. Elle indique l'alliance du plein-ceintre et de l'ogive. Les chapitaux des colonnes représentent divers sujets tirés de l'Ecriture Sainte, et comme ceux de l'église ils sont extrêmement curieux. L'intérieur est fermé par une voûte à nervures; trois arcades semi-circulaires, chargées des plus délicates sculptures, forment l'entrée de la salle. (Voyez *Essai sur l'église et l'abbaye de Saint-Georges-de-Boscherville,* par A. Deville).

Pour revenir directement de Saint-Georges de Boscherville par la route nationale, vous traversez nécessairement la belle *forêt de Roumare,* où se font aux mois de février et mars des chasses à courre très-suivies. Le rendez-vous des invités a lieu ordinairement au *Chêne-Alleu.*

En sortant de la forêt, vous abordez les premières maisons de *Canteleu*. Ce charmant village admirablement situé, est en partie composé de propriétés particulières ombragées de belles futaies. Celles de MM. Prat et de M. le baron Elie Lefèvre sont les plus importantes du pays. Le château de M. Elie Lefèvre a été construit, dit-on, sur les plans de Mansard. On permet aux étrangers de visiter la collection de gravures et d'objets d'art, soigneusement conservés à l'intérieur.

Canteleu est assis au penchant d'une colline d'où la vue s'étend au loin sur Rouen, Darnétal, la côte Sainte-Catherine, Oissel, etc. Nous serions bien embarrassés de dire lequel nous préférons du panorama de Canteleu ou de celui de Bonsecours. Le premier, vu le soir, en ayant le soleil derrière le dos, est d'un effet réellement magique. Rouen, la cathédrale, les monuments, les quais étant éclairés alors dans leur plein, par rapport au spectateur, ressortent avec une vigueur exceptionnelle sur les fonds et sur le ciel qu'une ombre légère commence à envahir; les arbres des premiers plans forment naturellement repoussoir; les sinuosités de la côte en s'étageant ménagent des transitions à l'œil entre la vallée qui s'étend en bas, et le plateau qui commence en haut. C'est un tableau admirablement composé.

En descendant par la nouvelle côte, n'oubliez pas de vous retourner pour apercevoir, encadrée dans un fouilli d'arbres, de maisons et de toits de chaume, la coquette silhouette de l'église de Canteleu, récemment restaurée et agrandie.

Petit-Quevilly. — Les Chartreux. — La forêt des Sapins — Les Essarts.

On peut aller au Petit-Quevilly, soit par le bord de la Seine, rive gauche, soit par la route de Caen. Si l'on prenait ce dernier parti, on passerait devant deux des plus importants établissements de l'industrie Rouennaise. *La Foudre*, magnifique filature appartenant à M. Pouyer-Quertier, et la fabrique de produits chimiques Malétra, dont les cheminées monumentales fument jour et nuit.

L'église du *Petit-Quevilly* ne présente pas de particularité.

Les Chartreux étaient autrefois le siége d'une colonie agricole, dans les dépendances de laquelle on remarquait la chapelle Saint-Julien, du XIe siècle.

Des Chartreux, on peut gagner la *forêt des Sapins* presque exclusivement composée de cette essence d'arbres; il y a là comme dans la forêt de Roumare de très-belles excursions à accomplir à pied, à cheval ou en voiture.

On est très-surpris au milieu du bois, de découvrir un petit village perdu pour ainsi dire dans ces solitudes : c'est la commune *des Essarts*.

Pour revenir à Rouen, on passe devant le *Champ de manœuvres* qui sert aussi d'emplacement pour le *Champ de courses*. Tous les ans au mois de juin, une Société fondée à Rouen depuis une vingtaine d'années, donne une série de courses au galop et au trot, monté et attelé; des steeple-chase sont courus à la fin des deux journées, et des prix importants sont distribués.

Lescure. — Belbeuf. — Saint-Adrien. La Mi-Voie. — Oissel. Elbeuf. — Saint-Étienne-du-Rouvray.

Pour exécuter cette promenade, on prend le bateau d'Elbeuf en allant et le chemin de fer en revenant.

Les bateaux partent du quai de Paris, en face la porte Guillaume-Lion. Laissant à gauche l'avenue Saint-Paul et à droite l'île Lacroix et le cours la Reine, vous vous engagez sous le pont du chemin de fer et vous entrez dans un large bassin bordé au nord par *Lescure*, avec ses établissements de produits chimiques, et au sud, par les plaines de *Sotteville*.

C'est là, qu'au mois de juillet, ont lieu ordinairement des régates fort recherchées.

Le vapeur cotoie ensuite des îles verdoyantes et arrive devant *Saint-Adrien* et la *Mi-Voie*.

Saint-Adrien est célèbre par ses cerises, ses roches et sa *Chapelle*. Les cerises ne sont malheureusement pas visibles en toute saison, mais la chapelle dans la falaise est ouverte à tous venants; on y monte par un escalier à pic. Au mois de février de chaque année, les populations des environs se rendent en procession à cet hermitage pittoresque et curieux.

De Saint-Adrien, part un long ruban de côte qui tourne la colline et aboutit en haut à *Belbeuf*. Du bateau vous apercevez les splendides avenues du parc qui couronne ces cimes.

La *Mi-Voie, Port-Saint-Ouen*, sont des villages délicieux, tapis sous les pommiers, les pruniers et les cerisiers, et dans les environs desquels la Seine semble s'attarder comme à plaisir, en caressant les bords fleuris et ombragés des innombrables îles ou îlots qui naissent ou disparaissent suivant le temps et le travail du courant. A *Oissel*, nous repassons sous le chemin de fer, et jetant de loin un coup d'œil superficiel sur les innombrables cheminées de cette petite ville manufacturière et sur l'église nouvelle qui la domine de son clocher de pierre, nous ne tardons pas à trouver sur notre droite les roches d'*Orival*; une troisième fois nous croisons la ligne du chemin de fer et nous entrons dans Elbeuf, renommé par ses draps.

Elbeuf possède trois églises, *Saint-Jean*, *Saint-Etienne* et *Notre-Dame de l'Immaculée-Conception*.

A Saint-Etienne on trouve de remarquables vitraux anciens et modernes, à Saint-Jean, un excellent orgue de Cavaillé-Coll. Notre-Dame a été récemment construite dans le style du XIIIe siècle par M. Barthelemy.

Les autres monuments sont l'*Hôtel-de-Ville* et le *Cercle du Commerce*. Quant à la gare, il faut pour la trouver, sortir de la ville, traverser la Seine, soit sur le pont suspendu, soit sur le pont de fer, et dépasser les dernières maisons du faubourg de *Saint-Aubin*.

Vous revenez à Rouen par le *railway* et vous retrouvez à Oissel la ligne qui vient de Paris. Au-delà d'Oissel, sur la droite, à la station de *Saint-*

Etienne-du-Rouvray, vous ne pouvez ne pas voir les établissements de la *Société cotonnière*, comprenant une filature et un tissage.

Une cité ouvrière, avec crèche, chapelle, hospice, a été fondée aux environs.

L'église de Saint-Etienne-du-Rouvray est vieille; le village coquet et bien bâti, renferme de belles propriétés particulières.

Enfin, avant d'arriver aux ateliers du chemin de fer, vous apercevez à gauche les établissements d'aliénés, et au moment où vous entrez en gare vous saluez de loin le clocher en pierre de l'église de Sotteville, bâtie dans le style du XIIIe siècle par M. Barthelemy.

Le Port. — Les Quais. — Croisset. — Dieppedalle. — Grand-Couronne. Le Val-de-la-Haye. — La Bouille. — Caumont. La Londe.

A dix heures, vous vous embarquez presque en face la Douane soit dans un des petits vapeurs de la Compagnie Bertin, soit dans le légendaire bateau l'*Union,* construit sur le modèle des steamers qui remontent les fleuves américains. Avant de vous éloigner, vous embrassez du regard le port et les quais.

Les quais de Rouen sont en ce moment l'objet d'un remaniement complet. Sur la rive droite, le travail est à peu près terminé; sur la rive gauche, il est seulement commencé; des caisses ont été coulées à certains endroits, du côté de Saint-Sever et un peu au nord du pont suspendu, en prévision d'un pont fixe qui serait créé dans l'axe de la rue Grand-Pont.

Ces quais ainsi reconstruits donneront à la navigation des avantages de toute nature. *Le mouvement du port* s'augmente d'ailleurs tous les jours; le bassin compris entre le pont de pierre et le pont suspendu est plus spécialement affecté à la batellerie de la Haute-Seine; celui de l'ouest abrite des navires d'un tonnage devenu considérable depuis les travaux d'endiguement de la Basse-Seine.

Des trois-mâts américains apportent directement à Rouen le coton du Nouveau-Monde. Des steamers de 1500 tonneaux remontent facilement jusque devant la Douane.

Au surplus, le tableau suivant, dressé pour l'année 1877, indique exactement le mouvement du port par nature de navigation.

		ENTRÉES		SORTIES	
		nombre	tonnage	nombre	tonnage
Navires français	à voiles .	467	37.362	472	29.531
	à vapeur.	239	41.938	234	28.393
Navires étrangers	à voiles .	407	88.692	408	39.553
	à vapeur.	702	391.976	687	92.245
Totaux.....		1.815	559.968	1.801	189.722

Rouen étant une ville intéressante non-seulement à cause de ses monuments, mais aussi à cause de son commerce, il nous a paru indispensable de résumer cette seconde face de sa physionomie par quelques chiffres relevés à la Chambre de Commerce.

Les nécessités de la statistique une fois satisfaites, livrons-nous de tout cœur au plaisir de cette excursion vraiment sans rivale.

Vous prenez le bras gauche de la Seine, laissant à votre droite des îles plantées, entre autres l'île du Petit-Gay et l'île Alexandre, et vous arrivez sous Canteleu après avoir goûté en dilettante les charmes nouveaux de ces aspects dignes des bords du Rhin.

Croisset est le premier de ces villages coquets assis fraichement près du fleuve. Pendant que le steamer fait escale, vous avez tout le temps d'examiner une propriété d'apparence modeste, séparée de la route par une grille : C'est là que M. Gustave Flaubert vient se reposer de ses succès passés ou préparer ses nouveaux triomphes.

Dieppedalle est après ; de hautes roches grises couvertes de sapins, de bouleaux, d'arbustes de toute nature surplombent sur l'unique rue de ce village, où les usines font concurrence aux habitations de pêcheurs et aux petites masures. Çà et là, la falaise s'interrompt pour laisser place à des sentiers ombreux par lesquels on rejoint la forêt de Roumare. Des caves très-profondes et pleines de pétrole ont été pratiquées dans les flancs de la colline. On en devine les entrées à certains plis du terrain. L'une d'elles, plus noire et plus enfumée que les autres, porte les traces d'un incendie considérable qui a éclaté dernièrement dans ce souterrain ; l'huile s'enflamma et brûla pendant plus de huit jours.

Le bâtiment à plusieurs étages, surmonté d'une petite cloche, qui vient ensuite, est connu sous le nom de *Sainte-Barbe ;* il faisait partie d'un ancien couvent.

En face, sur une île, on aperçoit un petit château et un châlet entourés d'arbres, de nombreuses embarcations de plaisance sont amarrées sur les rives, M. Deschamps, membre du *Yacht Club de France*, habite cette agréable résidence pendant l'été.

Petit-Couronne et *Grand-Couronne* sont à gauche. Le parc de Mme de la Châtre, la maison de Corneille seraient les seuls points de ce côté qui mériteraient l'attention, s'ils n'étaient trop éloignés du fleuve sur lequel nous glissons à la hâte et qui ne tarde pas à nous mener au *Val-de-la-Haye*. — L'église du Val-de-la-Haye et une grange du XIIIe siècle sont les seules curiosités que nous aurions à voir si le vapeur nous permettait de débarquer. Autrefois, au milieu du parc appartenant à M. Fizeau de la Martel, se dressait une commanderie importante fondée en 1130 par les Templiers et qui portait le nom de *Commanderie de Sainte-Vaubourg*.

A quelques mètres seulement du débarcadère des bateaux, vous apercevez ensuite une colonne en pierre d'ordre dorique, agrémentée d'ornements en bronze et surmontée d'un aigle. Ce monument, en somme assez mesquin, rappelle qu'à cette place, le 9 décembre 1840, les cendres de Napoléon Ier, ramenés de l'île Sainte-Hélène par le prince de Joinville, furent transportées de la *Normandie* dans la *Dorade* pour être conduites à Paris.

Après le Val-de-la-Haye viennent *Hautot* et *Sahurs*. Hormis l'église dédiée à Saint-Sauveur et l'ancien château de la famille de Trémauville, dont les allées viennent toucher la berge, rien n'est à signaler dans les environs; à gauche, au contraire, vous devinez perdu dans le feuillage l'église de *Moulineaux*.

Ce charmant petit monument, pieuse fondation de Blanche de Castille, date des premiers temps de l'ogive. A l'intérieur un jubé en bois sculpté, très-remarquable au point de vue de la composition et de l'exécution, sépare le chœur de la nef. On y accède par un escalier à rampes pleines avec panneaux. Les décorations de toutes formes qui enrichissent les détails de ce jubé appartiennent au style de la Renaissance.

Un baptistère du XIIIe siècle existe dans la chapelle des fonts. Tout près de là sur la cime de la colline sont quelques vestiges de fortifications que tout le monde, selon la tradition, prétend dépendre du château de Robert le Diable, sorte de Barbe-Bleue normand qui assassinait ses amis, ses maîtresses, et qui, après s'être vendu au diable, se fit ermite, sans doute pour se conformer au programme du proverbe. Quelques auteurs supposent que ce surnom doit appartenir au duc Robert Courte-Heuse, fils de Guillaume-le-Conquérant.

Depuis la guerre de 1870, cette côte boisée a acquis un autre genre de notoriété bien autrement honorable. Un jour du mois de janvier 1871 les troupes françaises avaient dans un combat d'avant-poste réussi à repousser les Prussiens; mais le lendemain au matin, par un temps de brouillard, les Allemands revenant en force escaladaient ces pentes, surprenaient nos mobiles et leur faisaient essuyer des pertes assez graves.

La Bouille est la dernière station de notre excursion par eau. L'église a été refaite en 1865. Le clocher en pierre et le portail enrichi de nombreux détails font assez bon effet, vus de l'autre côté de la rive. Le village se compose de maisons pittoresquement suspendues aux flancs de la côte ou paresseusement allongées le long des quais. Quelques-unes offrent des traces de sculpture; une statuette de Saint-Michel, dont on aperçoit l'image encore fort distincte à l'angle d'une ruelle, fait penser à l'hôtel Saint-Michel où logea le chancelier Séguier en 1639.

En suivant le bord de l'eau, du côté du nord-ouest, on rencontre sur la gauche des éboulements considérables dans les interstices desquels la végétation a vigoureusement poussé. Ces fouillis sont des trésors pour les artistes ; il y a des motifs de croquis dont on emplirait facilement un album. Généralement ces *éboulis* sont l'entrée de vastes carrières où l'on exploite la pierre à bâtir ; tout le monde connait la pierre de Caumont.

Du *haut Caumont* la vue est admirable. On y accède soit par la vieille côte, soit par la neuve ; l'une et l'autre partent de la Bouille et arrivent à la *Maison brûlée*. Nous recommandons la vieille, plus rapide mais plus pittoresque, si c'est possible, que la neuve.

Le monument de la *Maison brûlée* a été élevé à la mémoire des mobiles tués au combat de Moulineaux. Il se compose d'un piédestal briques et pierres supportant une statue de M. Millet. Ce bronze représente un mobile bravement appuyé sur son chassepot, et regardant du côté de Rouen ; sur le socle, des tablettes de marbre portent le nom de ceux qui ont trouvé la mort dans cette triste rencontre.

La forêt de La Londe est située à quelques mètres de là; on peut profiter de la beauté de ses ombrages et faire une promenade plus ou moins longue en s'enfonçant dans le sud-est ; si l'heure du retour est arrivée on peut, au contraire, gagner la station de La Londe, qui est dans un fond, et prendre le train de Serquigny qui ramène à Rouen à la gare de Saint-Sever.

De Rouen au Havre par la Seine.

Cette promenade est beaucoup plus longue que les précédentes : on peut difficilement l'accomplir en un jour.

Nous ne descendrons pas de nouveau la Seine de Rouen à la Bouille, puisque nous avons fait ensemble cette navigation de courte haleine dans le chapitre qui précède.

A partir de la Bouille, la Seine referme son anneau et, baignant la *Ronce*, la forêt de *Mauny*, *Bardouville*, *Ambourville* et *Berville* à gauche ; *Saint-Pierre-Manneville*, *Quevillon* et *Saint-Martin-de-Boscherville* à droite, elle arrive devant le *Château du Belley* situé au haut de la colline. Jusqu'à Duclair la rive droite se relève et forme une chaîne de coteaux rangés symétriquement.

A *la Fontaine* existait un vieil édifice appelé la *Chapelle Sainte-Anne*, dont il ne reste plus qu'une chambre ornée d'une cheminée curieuse. Dans la falaise, les riverains se sont creusés des habitations dont les pittoresques fenêtres ont l'air de guetter les navires qui montent et descendent de Rouen à la mer.

Duclair est à l'embouchure de la rivière de l'Austreberthe. Son église renferme des chapiteaux de marbre qui proviennent probablement d'un temple gallo-romain. Le portail est de la Renaissance et le clocher est roman ; quelques vitraux du XVe siecle ornent les fenêtres.

En sortant de Duclair, où nous examinons les bacs à vapeur qui font communiquer les deux rives, nous longeons à droite la superbe forêt de Jumiéges jusqu'à *Mesnil-sous-Jumiéges. Yville* est de l'autre côté avec son château et ses hauteurs boisées. Ici la Seine, qui était descendue au sud, remonte au nord en laissant sur sa gauche *Guenouville, le Landin*, d'où l'on a sur le pays une vue admirable très-renommée à plusieurs lieues à la ronde. Enfin vous commencez à apercevoir à droite, entre les arbres, les tours de l'abbaye de Jumièges et, cessant alors pour un instant de sonder les profondeurs de la forêt de

Bretonne qui s'étend au sud, vous vous retournez au nord et vous vous trouvez en présence des ruines les plus importantes de toute la Normandie.

Jumièges était l'établissement monastique le plus considérable des bords de la Seine. Son antiquité, ses immenses constructions, le nombre de ses religieux qui, pendant tout le cours du moyen-àge, exercèrent une si active et si puissante influence, lui valurent une célébrité européene.

On a parfois comparé ce type d'architecture religieuse à certaines églises du Rhin. Quelle simplicité et quelle noblesse dans cette façade occidentale, accompagnée de deux tours carrées, lesquelles, aux deux tiers de leur hauteur, changent de forme et se terminent en tours octogones.

Entre ces deux tours privées de leurs clochers, s'avance d'une manière inusitée la masse principale du portail. L'extrémité orientale n'est plus qu'un monceau de débris ; au centre, les vestiges encore subsistants de la lanterne laissent deviner les hautes proportions de la tour. Le toit de la nef et celui des collatéraux n'existe plus. Le pavé du sanctuaire a fait place aux herbes sauvages. Les ornements, les statues historiques, le mausolée où fut déposé le cœur d'Agnès Sorel, tout a disparu dans cette illustre abbaye. On eut évité ces tristes mutilations en transformant l'église abbatiale de Jumiéges en église paroissiale comme à Saint-Martin-de-Boscherville ou comme à Saint-Ouen.

De l'ancienne maison du concierge on a fait une résidence d'été et presque un musée d'antiquités.

M. Lepel-Cointel veille heureusement à la conservation de ces reliques, sauvées de l'oubli et de l'anéantissement. La place où reposait le cœur d'Agnès Sorel (ou Saurel) est indiqué par une plaque de marbre noir. La *Dame de Beauté* mourut au *Mesnil-sous-Jumiéges* où son royal amant lui avait fait disposer une résidence. Elle fut l'une des bienfaitrices de l'abbaye et les moines réclamèrent son cœur.

Un monument découvert il y a plusieurs années au milieu des décombres, a vivement excité la curiosité des archéologues. Il consiste dans les effigies mutilées de deux jeunes hommes en costume royal, la tête ceinte d'une couronne et que l'on suppose être les *Enervés*. Ces Enervés, selon une vieille chronique étaient les deux fils de Clovis II, qui s'étant révoltés pendant l'absence de leur père, furent condamnés au retour du roi, à avoir les nerfs des bras et des jambes coupés. Placés ensuite dans un bateau et abandonnés sur la Seine, ils furent portés par le courant jusqu'à Jumiéges, où les moines les reçurent avec bonté et où ils passèrent le reste de leurs jours. Le tombeau des Enervés, dans le style du XIIIe siècle indique des costumes du temps de saint Louis, par conséquent, il est loin d'éclairer le fait historique qui, selon la chronique, remonterait au VIIe siècle. L'abbaye de Jumiéges (Gematicum) fut fondée en 654 par saint Philbert ou Filibert (1).

L'église paroissiale, quoique non achevée, présente de belles parties et surtout des vitraux remarquables du XVIe siècle.

Yainville, *Le Trait* et *la forêt du Trait*, jusqu'à la hauteur de *Saint-Wandrille*, indiquent la courbe de la rive droite. *Heurteauville*, *Guerbaville* et la *Mailleraye*, la courbe de la rive gauche. A *Notre-Dame de Bliquetuit*, (un peu au-dessous de la Mailleraye) il y a un joli château et une église du XIe siècle, avec des fonts baptismaux du XIIe.

---

(1) Voir *Histoire de l'abbaye de Jumieges*, par Deshayes. — *Essai sur les Enerves de Jumieges*, par H. Langlois.

Du bateau il est impossible d'apercevoir *Saint-Wandrille* et son abbaye fondée au XIIe siècle.

Au contraire, *Caudebec* s'allonge au bord même du fleuve et semble provoquer les regards.

L'église attire surtout l'attention. Cette petite cathédrale en miniature fut commencée dans le style gothique, terminée dans celui de la Renaissance et restaurée à différentes reprises. Le grand portail est du XVIe siècle. La porte du milieu offre une grande voussure ornée de trois rangs de statues. Les portails latéraux sont du XVe siècle. Le clocher surmonté d'une flèche octogone est une véritable merveille. D'en bas, cette flèche paraît ronde, tant les parties aigües disparaissent et s'effacent, tant elles se dégagent en s'élevant. Ce ne sont à vrai dire que huit fenêtres partagées en six étages et que viennent compliquer des contreforts avec leurs arcs-boutants. Puis au-dessus grandit en fuyant dans les airs, en s'allongeant en dents de scie, en nébules, la flèche trois fois couronnée de guirlandes de fleurs de lys (1). A l'intérieur, l'église se compose d'une vaste nef et de deux collatéraux qui font le tour du chœur sans être interrompus par un transept. Les fe-

(1) L'abbé Cochet. — Eglises de l'arrondissement d'Yvetot.

nêtres sont garnies de vitraux remarquables des XVe et XVIe siècles.

Après *Bar-y-va* et sa chapelle, on trouve sur la droite *Villequier* avec son beau château et son admirable parc. C'est là que se fait sentir le plus violemment la *barre* dans les jours de grande marée; malgré les travaux entrepris par les Ponts et Chaussées, il est facile de constater sur les rives les traces des désordres qui sont causés par la fureur de ce flot envahissant; Villequier est malheureusement célèbre par les naufrages et les accidents qui ont eu lieu dans ses environs. C'est là qu'en 1843 la fille de V. Hugo, Mme Vacquerie périt avec son mari en revenant en barque d'une visite chez des amis. Leurs tombes reposent près de l'église bâtie au pied de la colline.

Vatteville est sur la rive gauche; son église flanquée d'une grosse tour carrée, renferme une tribune de pierre construite dans le style de la Renaissance.

Après *Vatteville,* on trouve d'un côté *Aizier* et *Vieux-Port* avec son if séculaire ombrageant sa chapelle, et de l'autre, *Norville,* dont le charmant clocher remonte au XVe siècle, et *Saint-Maurice d'Etelan,* dont le vieux château est souvent visité par les artistes.

Quillebeuf est situé à la pointe du *Marais Vernier*. C'est un petit port de relâche et la station des pilotes de la Seine. Son église présente quelques parties du XIe siècle. Les fenêtres ogivales du chœur sont ornées de verrières assez curieuses.

A partir de Quillebeuf, les digues resserrent étroitement le lit du fleuve et vous ne pouvez apercevoir que d'assez loin sur la droite *Tancarville*, dominé par son château fort. Ce vieux monument mériterait une visite spéciale. Les tours de *l'Aigle*, du *Lion*, du *Coquesart*, *Carrée*, la *grande Terrasse* sont des détails curieux qu'il est difficile d'apprécier à la distance où nous nous trouvons.

Nous voici bien près de l'embouchure de la Seine ; à gauche *Berville-sur-mer*, le phare de *Fatouville;* à droite, le cap du *Hode*, *Sandouville*, la vallée d'Oudalle, le château de *Gonfreville-l'Orcher*, *Harfleur* qu'on voit de très-loin et dont le clocher est ainsi décrit par M. l'abbé Cochet : La tour est surmontée d'une balustrade de feuilles de fougère et, des quatre angles, s'élancent des arcs-boutants. Quatre petites pyramides à crochets entourent la flèche principale qui, svelte et légère, s'élance dans les airs, garnie de crochets, comme un peuplier de ses branches. »

Après Harfleur, on trouve à droite la *Pointe du*

Hoc et à gauche *Honfleur*, dominé par la côte de Grâce. Nous recommandons de ne pas quitter le Havre sans avoir consacré deux ou trois heures à visiter Honfleur. C'est une charmante petite ville pleine de pittoresque et d'originalité : derrière ses jetées qui s'avancent coquettement en mer, les maisons s'étagent et montent jusque sur la colline. Les débris d'un château fort terminent d'une façon très-décorative l'extrémité de l'avant-port, et si l'on a du goût pour les ascensions, la merveille des merveilles attend en haut sur la *Côte de Grâce* les touristes et les artistes qui aiment les vastes horizons.

Le Havre est le but et la fin de notre voyage; l'entrée des jetées est grandiose, et quant aux curiosités que contient la ville, elles méritent à elles seules un guide spécial. Nous nous quitterons donc sur le quai de l'avant-port où vient de s'amarer le léger paquebot sur lequel nous venons d'accomplir l'une des excursions les plus délicieuses que puisse rêver un touriste.

FIN.

TABLE DES MATIÈRES.

Avis au lecteur I
Vue générale de Rouen 1

Monuments Religieux.

Cathédrale 7
Saint-Ouen 23
Saint-Maclou 30
Saint-Patrice 33
Sainte-Madeleine 34
Saint-Sever 35
Saint-Romain 36
Saint-Godard 37
Saint-Nicaise 40
Saint-Vincent 40
Saint-Vivien 42
Saint-Gervais 43
Saint-Hilaire 44
Saint-Paul 45
Saint-Clément 46
Saint-Eloi (Culte protestant) 47

Monuments Civils.

Hôtel de la Préfecture 47
Hôtel-de-Ville 48
Palais Archiépiscopal 50

Palais de Justice 50
Hôtel des Sociétés Savantes. 54
La Grosse-Horloge 55
Tour Saint-André. 57
Tour Saint-Laurent 58
Les Halles 59
Monument de la Fierte. 59
La Bourse. 61
Tribunal de Commerce. 61
Chambre de Commerce. 61
La Douane. 62
Les Docks 63
Lycée Corneille. 64
Hospices. 64
Asiles d'Aliénés. 65
Prisons. 66
Casernes. 66

Edifices remarquables.

Hôtel du Bourgtheroulde. 67
Ancienne Abbaye de Saint-Amand. 70
Bureau des Finances. 70
Porte Guillaume-Lion. 71
Maisons curieuses. 71
Maisons où sont nés des hommes célèbres. . . . 72

Ponts.

Pont de pierre et statue de Pierre-Corneille. . . 73
Pont suspendu. 75

Fontaines curieuses.

Fontaine de Lisieux. 75
— de la Crosse. 76

Fontaine de la Grosse-Horloge. 77
— de la Croix-de-Pierre. 77
— Saint-Maclou 78
— de la Pucelle. 78
— du Marché neuf. 79
— de l'abbé de la Salle. 79
— de Sainte-Marie. 79

Places et Marchés.

Place de la Pucelle. 80
Vieux-Marché. 80
Marché-Neuf. 81
Places de la Halle et de la Basse-Vieille-Tour. . 81
Clos Saint-Marc. 81
Place des Carmes. 81
La Rougemare 81
Le Boulingrin. 82
Champ-de-Mars. 82
Marché aux Bestiaux. 82

Bibliothèque et Musées.

Bibliothèque publique. 83
Musée de Peinture et de Sculpture. 85
— d'Antiquités. 89
— Céramique. 91
Muséum d'Histoire naturelle 93

Jardins publics, Squares et Promenades de la Ville.

Square Solferino 94
Jardin de Saint-Ouen. 94
— du Pré-Thuileau. 94
— des Plantes. 94

Boulevards et Tour Jeanne-d'Arc. 95
Petite-Provence. 96
Cours la Reine. 96

Promenades hors la Ville et Environs de Rouen.

Bonsecours. 96
Darnétal. — Longpaon. — Tour de Carville. . . 102
Boisguillaume. — N.-D.-des-Anges. — Cimetière monumental. — Institution Join-Lambert. . . 103
Mont-Renard. — Les Cotes. — Mont Saint-Aignan. — Mont-aux-Malades. 105
Déville. — Maromme. — La Forêt-Verte. — Isneauville 107
Bapeaume. — Montigny. — La Forêt de Roumare — Saint-Georges-de-Boscherville. — Canteleu. 108
Petit-Quevilly. — Les Chartreux. — La Forêt des Sapins. — Les Essarts. 112
Lescure. — Belbeuf. — Saint-Adrien. — La Mi-Voie. — Oissel. — Elbeuf. — Saint-Etienne-du-Rouvray. 113
Le port. — Les quais. — Croisset. — Dieppedalle. — Grand-Couronne. — Le Val-de-la-Haye. — La Bouille. — Caumont. — La Londe. . . . 116

De Rouen au Havre, par la Seine . 124

Rouen. — Imp. Léon DESHAYS, rue Saint-Nicolas, 28 et 30.

www.ingramcontent.com/pod-product-compliance
Ingram Content Group UK Ltd.
Pitfield, Milton Keynes, MK11 3LW, UK
UKHW022108190726
13855UKWH00002B/729

9 782013 038058